Kevin Wells

Ma fille s'appelait Holly

privé

Ouvrage publié
sous la direction de Guy Birenbaum

Titre original :
Goodbye, Dearest Holly

Avertissement des éditeurs

Publier le journal de Kevin Wells ne revient pas à éditer un livre de plus.

Le témoignage du père de la petite Holly, assassinée le 4 août 2002 à Soham, est un document d'une force exceptionnelle. Tenu au jour le jour par un père anéanti, ce texte emporte ses lecteurs dans les tréfonds d'une douleur toute particulière.

Bien sûr, il ne s'agit pas à proprement parler d'une œuvre littéraire. Il y a parfois des maladresses, quelques incohérences, des répétitions. Il y a aussi et surtout le silence pesant de l'assassin de Holly et de Jessica, Ian Huntley, qui ne permet pas à Kevin Wells d'accomplir totalement son travail de deuil.

Il aurait été envisageable de confier ces pages à un professionnel de la réécriture. De lui demander, après la traduction, de « peigner » ce manuscrit, d'en lisser les aspérités et les redites.

Tel n'a pas été notre choix.

Brut. Aussi brut que l'horreur qui a frappé Kevin Wells et sa famille, tel est le contenu de ce journal. Tel qu'il devait être.

À mon épouse Nicola,

À aucun moment dans ma vie, je ne pourrais te donner ce que tu désires le plus : la chance de revoir Holly.

J'ai été témoin de ton dévouement pour nos deux enfants pendant tellement d'années que je sais à quel point tu ressens chaque jour la perte de ta précieuse fille, amie et âme sœur. Il n'y a pas pire pour une mère.

J'espère que ce livre permettra à tous de se rendre compte combien notre fille était merveilleuse, et de l'influence qu'elle a eu auprès de tous ceux qui l'ont connue. Elle était vraiment incroyable. Tu devrais être fière de l'amour qu'elle te portait et de ton rôle d'éducatrice.

Ces deux dernières années, ta force de caractère, ton courage et ta volonté nous ont vraiment tous incités à te suivre dans ces moments d'adversité, moi en particulier.

Ensemble, nous avons encore des souvenirs merveilleux de Holly à partager, mais le plus important maintenant, c'est que nous devons en créer davantage avec notre fils Oliver. Derrière les portes closes, ta modestie et ton calme envers lui nous poussent à aller de l'avant. Et j'espère que ce livre nous aidera à surmonter notre tragédie.

Avec mon amour et mon respect,

Kevin

Prologue

Aujourd'hui, la photo des petites Holly Wells et Jessica Chapman posant fièrement dans leur maillot de Manchester United est devenue un symbole. La jolie petite fille qui est à gauche sur le cliché, c'est Holly, ma fille. La photo a été prise le jour de sa disparition. Comme elle avait coutume de le dire, elle avait dix ans trois quarts.

Ce livre est le journal que j'ai tenu depuis ce jour fatal. J'y raconte l'enquête, l'angoisse, et la façon dont ma famille s'est efforcée de survivre.

Permettez-moi d'abord d'en dire un peu plus sur Holly.

Elle aimait apprendre et débordait de motivation. Nous nous émerveillions de sa lecture expressive, de sa capacité à retenir des faits, et de son approche positive de l'école. Notre fille avait de très bons résultats – si bons qu'assister aux réunions de parents d'élèves était un plaisir.

À la maison aussi Holly n'était pas peu fière des travaux qu'elle accomplissait, qu'il s'agisse de cuisiner des gâteaux avec sa grand-mère ou de dessiner et de colorier d'innombrables cartes pour des amis et la famille, toutes portant la mention « Love from Holly ». Elle avait de la grâce, était déterminée et douée d'un vrai sens artistique. Nous étions tellement convaincus qu'elle aurait par la suite les meilleures opportunités que nous avions prévu un plan d'épargne sur cinq ans pour financer ses études.

À dix ans, Holly était une enfant vive, sûre d'elle et épanouie, qui enrichissait la vie de tous ceux qu'elle approchait. Elle était naturellement curieuse et travailleuse. Nous étions certains qu'elle serait la première de la famille à rejoindre les bancs de l'université. Elle avait commencé le solfège et apprenait à jouer du cornet. Son professeur de musique voulait qu'elle intègre l'orchestre local.

Elle n'en restait pas moins timide. Notre fille demeurait toujours distante un certain temps avant de faire confiance à quelqu'un, attendant souvent les encouragements d'un membre de la famille pour s'approcher. Une fois à l'aise avec cette personne, elle se laissait aller.

Elle était un membre actif des Soham Brownies, la troupe de majorettes. Elle participait à l'entraînement et les week-ends, elle se produisait dans de nombreuses représentations, fêtes et cérémonies locales. Elle adorait ça.

Elle était fan de karaoké. Nous en faisions souvent. Elle était régulièrement accompagnée d'une amie. Elles étaient tout excitées, et invariablement *Angels*, de Robbie Williams, figurait sur la liste. Avant de la remettre, elle y glissait souvent nos noms, nous obligeant ainsi à monter sur scène pour chanter ensemble. À chaque fois, Nicola et moi feignions la surprise, et à chaque fois Holly riait aux éclats, croyant avoir encore réussi à piéger son père.

Oui, c'est d'abord son caractère qui restera dans nos esprits. C'était une petite fille très douce, cela se voyait à sa façon de s'occuper des plus petits. Elle adorait jouer et s'occuper d'eux, en particulier de sa cousine de trois ans, Émilie. Elle tenait à merveille son rôle de protectrice, de partenaire de jeu et d'éducatrice. J'ai cette image d'Holly et d'Émilie constamment en tête.

Holly avait aussi un vrai sens de l'humour ; le meilleur. Elle était incroyablement observatrice, avait compris la « comédie des hommes », l'ironie. Elle était aussi assez gentille pour rire à toutes mes blagues. La vie était un jeu pour elle, comme pour tous ceux qui étaient à ses côtés. Elle illuminait une pièce dès qu'elle y entrait. Elle avait de longs cheveux blonds et de grands yeux bleus perçants. Elle était extrêmement loyale avec ses amis et prenait part avec bonne humeur aux discussions écolières du moment. Tous les jours, Holly nous racontait les dernières aventures survenues dans la cour de récréation.

Elle a toujours été entourée des gens qui l'aimaient. Son intelligence, liée à sa bravoure, la faisait parfois entrer en conflit avec ses parents ou ses grands-parents. Néanmoins, la crise ne durait jamais bien longtemps parce qu'Holly savait se montrer raisonnable. Elle pouvait faire la tête mais n'était jamais rancunière, bien qu'il lui soit arrivé de passer la plus grande partie de la semaine à se disputer avec son frère aîné, Oliver. Il nous arrivait parfois d'entendre les portes claquer jusqu'à en sortir de leurs gonds. C'était toujours les mêmes « Mêle-toi de ce qui te regarde ! » Puis les mêmes réconciliations, pleines de raison, offrant presque toujours de faire la paix. C'était adorable.

Son énergie, son enthousiasme, ses rires, son amour, ses amitiés et sa capacité à apprécier la vie, voilà tout ce qui a été brisé peu avant son onzième anniversaire. Les rêves et les espoirs que nous portions pour notre fille chérie ont été détruits. Ça a été le début d'un cauchemar qui dura plus de deux ans.

Rien n'est pire que de perdre son enfant. Nous avons dû faire face à notre sentiment de perte amplifié par l'amertume du sentiment d'injustice. Le système souvent n'aidait pas. Notre univers a été anéanti.

Notre seul objectif : survivre. La première personne qui a posé sur elle une main malveillante a aussi été la dernière. Ce livre raconte les conséquences que l'intrusion d'un pédophile malfaisant a pu avoir sur la vie quotidienne de toute une famille.

Tout commence le jour où ma fille a disparu. Il était 17 h 04, le dimanche 4 août 2002, à Soham, petite bourgade de Grande-Bretagne.

2002

Dimanche 4 août

En début de matinée, Jessica Chapman a appelé Holly. Elle revient de vacances avec un cadeau pour elle, et elle veut venir jouer. La maison va être pleine d'enfants. Oliver, notre fils aîné, reçoit lui aussi un de ses amis. Nous préparons un barbecue pour la fin d'après-midi. La météo est capricieuse. Jessica doit rentrer chez elle pour l'heure du thé, mais supplie sa mère au téléphone de rester encore un peu. Cette dernière cède. Les deux petites courent dans la chambre de Holly pour enfiler le maillot de l'équipe de football de Manchester United. Jessica emprunte celui d'Oliver. Elles aiment se ressembler. Holly porte le collier que sa meilleure amie vient de lui offrir. Jessica a elle aussi le sien. Elles aiment se sentir à la mode.

Robert et Trudy Wright, un couple d'amis, se joignent à nous pour le repas. Trudy est enceinte. Nicola adore son ventre rond, et la prend en photo. Holly et Jessica veulent être photographiées avec leurs maillots de Manchester United. Comme deux tourbillons, à peine la photo prise, elles repartent en courant.

Il est 17 h 04. Ce sera la dernière photo des deux fillettes.

Chez nous, la tradition veut que les hommes cuisinent pour le barbecue. Rob et moi aimons ça. Nous parlons famille, travail, courses de chevaux et cricket. Holly et Jessica papillonnent autour de nous en dressant la table. Après avoir rapidement mangé, les enfants se lèvent de table. Ils sautent et dansent dans la chambre d'Holly. Du jardin, nous les entendons chanter.

Vers 20 h 20, alors que nous raccompagnons Rob et Trudy à la porte d'entrée, nous nous apercevons qu'elle est inhabituellement ouverte. Nicola appelle les filles pour qu'elles viennent dire au revoir. Pas de réponse. Nous ne nous étions pas rendu compte, jusque-là, que le bruit avait cessé dans la chambre des enfants.

Les filles ne sont plus dans la chambre de Holly. Personne ne les a vues sortir. Personne ne leur en avait donné l'autorisation. Puisqu'elles demandent la permission pour quitter la table, nous ne comprenons pas qu'elles aient quitté la maison sans nous prévenir.

Mais c'était les vacances scolaires et nous avions différé l'heure du couvre-feu à 21 heures. Holly a le droit de jouer dans le jardin ou dans l'impasse. Rob et Trudy nous disent qu'ils leur feront signe de la voiture. Comme ni Nicola ni moi ne nous souvenons avoir donné le droit à Holly de sortir, nous appelons sur son portable. Nous l'entendons sonner dans la maison. Elle ne l'a donc pas pris avec elle.

Nous commençons à nous inquiéter. Jamais elle n'a manqué son couvre-feu, ni n'est sortie sans permission. Nicola téléphone à Sharon, la mère de Jessica, pour savoir si les filles sont avec elle.

– *Non, elles ne sont pas avec moi !*

Elle appelle immédiatement sur le portable de Jessica. Il sonne dans le vide. Personne ne répond.

Je prends mon vélo pour faire un petit tour des environs. Personne. Il est plus de 21 heures.

Les parents de Jessica nous rejoignent. Oliver lui non plus n'a pas vu sa sœur depuis un moment. Il nous aide à chercher les filles et élargit le cercle autour de la maison au quartier de Red House Gardens. Je prends la direction opposée. Les, le père de Jessica, a pris sa voiture.

En à peine une heure nous passons du simple énervement envers notre fille à l'inquiétude, puis à la peur. Sharon Chapman nous rejoint à la maison et appelle la police.

Comme Holly n'a pas le droit de s'éloigner à plus de quatre cents mètres autour de la maison, j'explore en boucle ce périmètre. Je roule jusqu'à l'école St-Andrew. J'appelle en hurlant Holly et Jessica. Je crie leurs prénoms toutes les dix à quinze secondes, puis m'interromps en espérant une réponse. Je tends l'oreille pour entendre le « Nous sommes là, papa ! » que j'attends désespérément. Rien. Le silence.

Ce jour-là, j'ai appris à reconnaître le bruit des palpitations de mon cœur.

Il fait nuit maintenant. Je suis seul au milieu de la cour de l'école, perdu. Je réfléchis avec l'énergie du désespoir. Où ma fille aurait-elle pu aller ?

Je remonte sur mon vélo. Je continue à les appeler sur le chemin, passe le centre de santé et me dirige vers le campus et le centre sportif. Nous connaissons bien cette route avec Holly. Nous sommes venus y ramasser des châtaignes, ici même, au coin du stade.

Il fait trop sombre. J'abandonne mon vélo. Je continue dans le secteur pavillonnaire. Je suis gêné de faire autant de bruit un dimanche soir. Dans la direction opposée à celle de l'école se trouve la maison d'Ian Huntley, le gardien. La route est éclairée là-bas.

Sans signe d'elles, je reprends mon vélo et retourne à la maison en espérant qu'elles seront miraculeusement de retour. Elles ne sont pas là. Beaucoup d'amis et de membres de la famille se sont réunis chez nous. La police est aussi dans le salon. Je ne pense qu'à poursuivre mes recherches. J'appelle mon associé de l'entreprise de nettoyage, Scott Day. Quelques minutes plus tard, il est devant ma porte avec sa camionnette.

Nous partons faire le tour de Soham. Nous imaginons tous les scénarios. Pendant cinq ans j'ai été facteur et je connais chaque parcelle de notre petite ville. Mais c'est plus fort que moi, il faut que je retourne à l'école. Scott m'emmène sur le parking de l'école et nous dirigeons les phares de la voiture vers le terrain pour l'éclairer. Nous n'apercevons que le gardien de l'école qui promène son chien. Il doit se demander ce que nous faisons ici en pleine nuit. Je m'expliquerai et m'excuserai auprès de lui plus tard. Mon idée fixe : chercher.

Nous sortons de la camionnette et crions les prénoms des filles. Ian Huntley et son chien ne sont plus là. J'y pense une seconde à peine. Je rentre à la maison prendre des nouvelles et parler à ma femme.

Nicola est en pleurs.

– *Tu les as retrouvées ?*

– *Non, je t'aurais téléphoné si je les avais retrouvées.*

– *Où sont-elles, Kev ?*

– *J'en sais rien.*

– *Que leur est-il arrivé ?*

– *J'en sais rien.*

– *Que va-t-on faire ?*

– *J'en sais foutre rien.*

La police parle de fugue, ce qui rend dingue Nicola. Cette disparition n'est pas traitée avec beaucoup de sérieux. Les policiers nous parlent de disputes, de la crainte que pourraient avoir les filles de revenir à la maison... Nous ne comprenons pas ce qu'ils disent. J'ai beau leur dire que ce n'est pas le genre de notre Holly, ils n'en démordent pas.

Les filles avaient-elles de l'argent sur elles ?

Ont-elles déjà fugué auparavant ?

– *Ne vous inquiétez pas. En général, l'enfant revient sain et sauf, plutôt embarrassé.*

La panique monte. Il faut agir, et vite. Je n'en peux plus de rester à la maison à ne rien faire. Il fait nuit noire maintenant. Scott et moi prenons des torches, traversons les champs et arpentons les chemins. Il a plu. L'une des deux fillettes a pu être frappée par la foudre. Un arbre a pu tomber et la retenir prisonnière. L'une d'elles est peut-être blessée, et l'autre ne veut pas abandonner son amie.

Le temps passe, minuit... 1 heure. Nous hurlons toujours leurs noms dans la ville. Vers Brook Street, nous croisons Coral et Ray Paxton. Ils sont eux aussi à leur recherche.

– *Vous avez du nouveau ?* me demande Coral.

Je n'arrive plus à parler. Je suis en pleine crise de nerfs.

Nous décidons d'élargir les recherches aux abords de Soham, vers le pont de Lofties. Nous scrutons la rivière, l'eau, les rives. J'ai froid. Je suis trempé. Où sont-elles ? Dans quel état ? Je ne vois que leurs deux visages. Nous longeons les rives vers East Fen Common par le chemin de Brook Dam.

Nous rentrons. La police est toujours là. Pas de nouvelles des enfants. Nicola est avec Trudy, elles reviennent de Newmarket. Rob recrute des volontaires. Le portable n'arrête pas de sonner. Il faut que je reparte. Nous avons peut-être raté quelque chose. Nous allons vers Isleham, Fordham, Wicken et Upware. Nous avons vécu deux ans à Upware, peut-être que Holly est là-bas. Swafham Prior, Reach, Burwell, puis de nouveau

Fordham et Soham. Rien. Les phares de la voiture de Rob n'arrivent même plus à percer le brouillard. Nous continuons à pied. Nous rentrons. Il est 4 heures du matin.

J'ai envie de retourner à l'école. Je veux fouiller l'intérieur de l'école. Les portes sont fermées, mais les filles ont pu escalader les grilles. Elles sont peut-être piégées dans l'enceinte de l'établissement.

Il est presque 4 h 30. Je vais réveiller Ian Huntley, le gardien, pour le prévenir. Scott et moi, nous le connaissons bien. L'une des pièces de sa maison est illuminée, son bureau. Nous entrons et je l'appelle. Un énorme chien noir nous saute dessus. Ian Huntley finit par sortir. Il ne semble pas nous reconnaître. Il a l'air perturbé. Il nous demande comment nous savons que la pièce éclairée était son bureau.

– *La police est déjà passée,* dit-il, *inutile de chercher.*

La police et ses chiens n'ont rien trouvé.

Alors que nous remontons en voiture, Huntley nous explique pourquoi il était encore debout avant l'aube. Un lourd pressentiment me brûle l'estomac. Je sais, sans pouvoir l'expliquer, que je ne reverrai plus jamais Holly vivante. J'ai échoué à protéger ma fille chérie.

Je devrais déjà être au travail. Il est 5 h 30. Nicola et moi, nous tâchons de rassembler nos esprits et de nous reposer un peu.

Lundi 5 août

Ce matin, à 9 heures, la police publie le premier avis de recherche. Elle pense toujours à une fugue. Pour moi, c'est une perte de temps, mais nous sommes loin d'en avoir fini avec la police et le poids des procédures. Pourquoi lâcher la proie pour l'ombre, et soupçonner les proches ?

La frustration est énorme : la police n'a pas plus d'informations que nous.

La première conférence de presse est prévue à 15 h 30. Mon souvenir en est flou. Je sais seulement que je veux retrouver ma fille. Être mal à l'aise face aux caméras n'a aucune importance. La police peut ainsi analyser les quatre parents, chaque mot prononcé, chaque geste. Que nous le voulions ou non, notre destin est lié à celui des Chapman.

Je n'arrive plus à dormir, je viens de passer dix-sept heures sans fermer l'œil.

Il faut que je retrouve ma fille. Je ne supporte plus ce sentiment de l'avoir perdue. Je monte l'escalier et je m'isole dans sa chambre pour m'allonger sur son lit. Je commence à sangloter. J'ai besoin de sa présence. Je m'effondre sur le sol et pose ma tête sous son édredon. Comment pourrait-on lui faire du mal ?

Quand Nicola entre dans la chambre, je ne la remarque même pas. Il faut que tante Sheena vienne s'asseoir à côté de moi pour que je reprenne pied. Je me sens ridicule.

Sheena commence à parler : même s'il est arrivé quelque chose de terrible à Holly, dit-elle, nous ne devons pas baisser les bras avant d'apprendre vraiment son décès. Il va falloir se soutenir les uns les autres. Elle a tellement raison.

Il y a toujours autant de monde au rez-de-chaussée, chacun veut se rendre utile. Certains se veulent rassurants, d'autres pleurent. Je suis bien avancé. Il est temps de coordonner les recherches. Quoi que disent les forces de l'ordre, un père a le droit de rechercher lui-même sa fille.

À l'heure du thé, la police dévoile son plan. Les recherches seront coordonnées depuis une station mobile, basée à l'école St-Andrew. Nous pouvons maintenant demander aux volontaires de s'y retrouver et d'attendre les instructions. Enfin.

Une autre unité a déployé une meute de chiens. Il faut leur fournir des objets ayant appartenu à Holly. Un policier insiste : personne ne doit entrer en contact avec la literie de Holly, pour ne pas créer d'interférences avec ses odeurs. Je ne répond rien, mais je suis inquiet et je me sens mal d'avoir enfreint sans le savoir cette règle. C'est la première requête de la police et je viens de tout foutre en l'air en pleurnichant. Il faut que je me reprenne.

Avec Nicola, nous réunissons quelques objets susceptibles de porter son odeur. Sa peluche, Snoozums, sa brosse. Et puis je me dis que je n'ai pas posé la tête sur l'oreiller. La taie fera l'affaire pour le maître-chien. Nous nous retrouvons un instant seuls dans notre chambre, le temps de nous blottir dans les bras l'un de l'autre, sans un mot.

La rue, d'ordinaire si calme, est noire de monde comme un soir de match. Il y a des voitures garées partout. Les entreprises locales ont accordé des congés exceptionnels pour permettre aux habitants de la région de participer aux recherches. À St-Andrew comme dans ma rue, des centaines de personnes sont réunies. Tout le monde est là, amis, famille, clients, collègues, l'équipe de football, celle de cricket, des enfants, de simples connaissances, des inconnus. Si cinq cents civils complètent les efforts des agents de police, nous avons forcément une chance. Je reprends un peu espoir.

Mais la foule est nerveuse car aucun plan n'est en place. La police lui demande de se disperser dans l'attente de nouvelles instructions. Pourquoi perdre du temps, quand il faudrait remuer ciel et terre ?

Alors que j'écris, je m'aperçois que je me tenais à ce moment-là, au milieu de la foule, à l'endroit précis où Scott et moi avions vu Ian Huntley pour la dernière fois.

Je me frotte les yeux, me ressaisis, et entre dans l'unité mobile de contrôle pour demander à un inspecteur la raison de ces nouveaux délais. Il me répond que tout va se mettre en place, mais j'entends la conversation téléphonique d'un policier : leur première préoccupation, leur première source d'inquiétude, c'est d'assurer la sécurité de la foule. Ils n'ont même pas de cartes pour coordonner les recherches. Sans commentaire.

Ça suffit ! Il faut prendre les choses en main. J'explique à l'inspecteur que je connais la région et que je vais répartir les groupes de recherches en zones géographiques. Ça va aller plus vite.

Je rentre finalement à la maison, sans plus de résultats. Un officier de police discute avec Nicola : c'est le sergent Trudie Skills, un agent de liaison, elle est chargée de s'occuper des familles. Pour l'instant, elle rassemble le plus de renseignements possible sur Holly : ce qu'elle aime ou pas, les groupes et les clubs qu'elle fréquente, s'il manque quelque chose dans sa chambre. Elle nous demande aussi si Holly a pris un peu d'argent avec elle, et si elle s'est disputée récemment avec quelqu'un. Pendant que notre ordinateur est réquisitionné – simple routine, selon les forces de l'ordre – Trudie nous explique la procédure. Une équipe de recherches viendra fouiller notre maison en détail. Au moins, Trudie est calme et agréable. Il n'empêche qu'il est tout de même insupportable de voir la police perdre du temps à nous suspecter.

Je décide de sortir pour poursuivre les recherches avec des amis proches. Répartis dans les champs, nous appelons les filles, fouillons les hangars, derrière les équipements de ferme, les talus, les fourrés et les fossés. Est-il besoin de le dire ? Toujours rien. La nuit tombe, il faut s'arrêter. J'ai le cœur serré.

La détresse pousse à des extrémités que l'on ne soupçonne pas. Jusqu'ici, le paranormal me faisait sourire. Mais aujourd'hui, quand ma belle-sœur, Lesley, propose de faire venir un médium, je dis oui. Il s'appelle Dennis Mackenzie et doit venir demain. Selon Trudie, il est fréquent que des médiums interviennent dans ce genre d'enquête, et ils donnent toujours des informations contradictoires.

Nous demandons à rester seuls cette nuit, juste Nicola et moi. Il nous faut affronter la réalité : Holly sera absente cette nuit encore, pour la deuxième fois. Nous restons silencieux. Nous avons tellement besoin de dormir. Pour monter l'escalier, il faut passer devant dix photos encadrées de Holly. Le somnifère aidant, Nicola finit par s'endormir. Il est presque 23 heures.

Je vais enfin m'assoupir quand la sonnette retentit. C'est un détachement de policiers, tous vêtus de noir. Ils vont fouiller la maison. Maintenant.

J'ai déjà réveillé ma femme et nous luttons contre le sommeil patiemment dans le salon, pendant qu'ils retournent tout autour de nous. Le téléphone sonne. C'est Trudie qui appelle pour nous prévenir de l'arrivée des policiers. Un peu tard.

Tout est ouvert, déplacé, inspecté, trois heures durant. Pour trouver quoi ? Ma fille, peut-être ?

Mardi 6 août

Nouveau matin. Aucun moyen de contacter rapidement l'agent de liaison. Tout ce que nous savons, c'est qu'un briefing est prévu au quartier général. La presse du matin n'est pas plus avancée : le *Daily Mail* titre « Comment ont-elles pu se volatiliser ? » Excellente question.

C'est la télévision qui nous donne du nouveau : les filles auraient été aperçues à Thetford, un village à huit ou neuf miles d'ici. C'est l'euphorie à la maison : les filles sont en vie ! Mais nous ne comprenons pas le silence de la police. La situation est déjà suffisamment difficile sans que nous ayons à apprendre des choses pareilles par la télévision.

Trudie appelle enfin. Effectivement, une vieille dame les a vues, sa déposition a été enregistrée, et les équipes de recherches sont déjà à Thetford. Elle insiste pour que nous restions à la maison. C'est clair, la police ne nous perçoit pas exactement comme des parents parfaits. Plus tard, on nous a rapporté que notre volonté de participer nous rendait assez ingérables pour la police. Nous ne laissions pas faire les professionnels, handicapions les recherches. Ne connaissant pas les procédures, nous aurions pu détruire des preuves. Aurions-nous dû attendre sans bouger que notre fille regagne la maison ? Pour gérer le problème, Chris Mead, un nouvel agent de liaison plus expérimenté, est venu prêter main forte à Trudie.

Je ne peux tenir en place à attendre. Je retourne une nouvelle fois à l'école. À quelques mètres de la maison du gardien, coule une rivière. Je remonte la rive jusqu'au pont. Un coin désert. Puis je refais à pied le chemin vers la maison, de la maison de Huntley jusqu'au complexe sportif : c'est la route qu'ont suivie Holly et Jessica ce dimanche-là.

À mon retour, Nicola est « seule », c'est-à-dire juste avec les agents de liaison. Tout le monde est à Thetford. Je n'ai rien contre Chris, que je rencontre pour la première fois, mais il ne m'impressionne pas. Je ne suivrai pas la procédure. Il nous propose une collaboration entre la famille et la police. C'est vrai qu'un travail en commun offrira évidemment de meilleures chances de retrouver les filles. Il promet de nous tenir personnellement informés de toutes les évolutions de l'enquête. Le pacte est conclu.

Notre bonne humeur est de courte durée : des amis nous informent du manque de fiabilité du témoin. Cette femme passe pour être la folle du village. On ne peut pas se fier à ses déclarations. Retour à la case départ. Une idée nous permet de tenir le choc : les filles sont sûrement ensemble. Où qu'elles soient, elles pourront s'aider et se réconforter jusqu'à ce qu'on les retrouve.

Les questions des agents de liaison n'arrêtent pas. L'ordinateur, les vêtements des filles, tout y passe. Oui, nous surveillons l'utilisation que font nos enfants de l'ordinateur. Holly était en pantalon noir avec son maillot de l'équipe de Manchester United.

Et cela continue :

L'argent a-t-il pu être retiré ailleurs ?

Holly a-t-elle un petit ami ?

Nous donnons les vidéos de la petite, toutes nos anciennes adresses et nos numéros de téléphone, les détails de son compte en banque.

La police de Cambridge a demandé de l'aide à d'autres forces d'intervention, y compris au personnel de la base aérienne américaine. La station de police d'Ely servira de QG.

Nous avons appris à négocier avec la police, à gérer son intrusion dans notre vie. C'est un bon début, mais comparé à ce que nous vivons avec les médias, ce n'est rien. Toute la journée, reporters et photographes se bousculent à notre porte. Même la télévision s'installe. Quelle stratégie adopter ? Doit-on répondre aux questions sur les « personnes disparues » ? C'est une expression que nous n'aimons pas. Holly et Jessica ne sont pas du genre à faire des escapades, et elles n'étaient pas malheureuses à la maison. Elles n'ont pas « disparu », comme le croient toujours les enquêteurs. Elles ont été enlevées.

Comme l'histoire prend de l'ampleur, la presse multiplie les interviews des habitants du village. Dieu merci, aucun proche des deux familles ne participe aux spéculations. C'est assez de supporter les interventions télévisées des voisins.

Cette couverture médiatique a des conséquences inattendues : David Beckham en personne, au nom de l'équipe de Manchester United, lance un appel à Holly et Jessica :

– *Rentrez chez vous s'il vous plaît. Vous ne serez pas grondées. Vos parents vous aiment profondément.*

Cela me touche. Je suis un supporter de la première heure de Manchester United. Si seulement cela pouvait être utile !

À 18 h 30, Chris et Trudie retournent au quartier général. Nous en profitons pour prendre la voiture, direction Thetford. Pendant une heure nous roulons sans but précis, espérant apercevoir quelque chose de rouge, le maillot de Holly. Nous restons convaincus que personne à Soham ne peut être impliqué. D'où notre attention particulière à ceux qui ne font pas partie de notre communauté : la peur de l'étranger l'emporte. Nous réduisons le spectre des recherches aux adresses alentour, là où Holly avait la permission d'aller. J'appelle mes anciens collègues de la Poste royale pour élaborer un plan et nous identifions vingt-cinq propriétés.

Nous appelons les propriétaires et tous acceptent de nous laisser un trousseau de clefs. Nous avons désormais un plan d'action tangible : nous prétextons une fuite de gaz qui nous aurait été rapportée, et deux amis plombiers iront inspecter chaque maison. Plus besoin de l'aide de la police. Nous allons passer pour des miliciens mais je m'en fous.

Ma femme, inquiète, me demande avec insistance de prévenir nos agents de liaison : nous nous étions engagés à collaborer. Soit. Je laisse un message sur le portable de Chris et, en attendant, je regarde les informations en boucle.

À 22 h 37, il me rappelle. Trop tard pour fouiller ces vingt-cinq maisons ce soir.

– *Excusez mon retard,* dit-il. *Il y a du nouveau.*

– *Ce n'est rien. Que se passe-t-il ?*

Du nouveau enfin. Des jeunes filles de Soham ont vu une camionnette blanche suspecte dimanche. Deux jeunes gens avaient essayé de les faire monter à bord. Une piste sur laquelle nous devons garder le silence le plus complet pour ne pas interférer dans le déroulement de l'enquête.

Holly et Jessica ont sans doute été kidnappées. Elles ont peut-être été abusées sexuellement. Mais j'en suis au stade où j'accepte jusqu'à cette idée ; la priorité absolue, c'est qu'elles soient en vie. Je m'accroche à cette idée de toutes mes forces. S'il faut des centaines d'heures de thérapie à Holly après cela, nous y ferons face. Quand elle sera de retour, nous assumerons tout.

Demain, le programme est chargé, il y a les vingt-cinq propriétés à inspecter et à midi nous rencontrons le médium.

Mercredi 7 août

Lorsque Chris nous appelle à 6 h 30, c'est pour nous annoncer une mauvaise nouvelle : la piste de la camionnette blanche n'a mené nulle part.

Une conférence de presse est prévue à 10 heures. David Hankins, l'un des responsables de l'enquête, fera une courte déclaration avant de laisser la parole aux journalistes. Désormais, la police travaille sur l'enlèvement de Holly et de Jessica et non plus sur leur disparition. L'équipe de policiers va être secondée par les détectives qui ont résolu l'affaire Sarah Payne[1], le meurtre pédophile le plus abject de ces dernières années. Ce n'est pas pour me rassurer.

Je m'attendais bien à ce qu'un grand nombre de journalistes soient présents, mais pas à une telle explosion

1. Sarah Payne a disparu le 1er juillet 2000. Son corps a été retrouvé seize jours plus tard. Elle avait huit ans. Roy Whiting, suspecté depuis le début de l'enquête, est deux fois relâché pour insuffisance de preuves. Le 6 février 2001, enfin, il est inculpé, et déclaré coupable d'enlèvement et de meurtre le 12 décembre.

de flashes, ni à toutes ces caméras. C'est un chaos complet, personne ne maîtrise vraiment les événements. Les journalistes n'ont même pas de micros et doivent crier pour se faire entendre.

À la fin de la conférence, alors que j'attends la voiture, je sens la présence de quelqu'un derrière mon épaule gauche. C'est Ian Huntley. Il est tellement près de moi que je dois faire un pas en arrière pour pouvoir lui parler.

– *Kev,* dit-il, *je voulais juste te dire, je n'ai pas réalisé qu'il s'agissait de ta fille.*

Sur le moment, je n'ai pas saisi ce que ces mots avaient d'étrange. J'ai cru qu'il parlait de l'accueil qu'il nous avait réservé, à Scott et moi, dimanche soir. Il doit supporter beaucoup de pression, lui aussi est harcelé de questions. Il a l'air épuisé. Ses yeux sont si noirs qu'il me fait penser à un panda. Apparemment, il se serait trompé d'heure dans sa déposition et veut parler à Chris pour la modifier.

Avant de rentrer, nous remettons à la police la photo des filles que nous avions prise dimanche et qui vient d'être développée. On y voit les deux petites filles de dix ans arborant fièrement leur maillot de Manchester United. Ça va devenir un symbole, celui de la plus grande chasse à l'homme d'Angleterre.

Il me reste beaucoup de choses à faire : fouiller les vingt-cinq maisons – trois d'entre elles, particulièrement, me semblent suspectes –, rencontrer Dennis Mackenzie, le médium, et une veillée est prévue à l'église.

Mais avant tout, Chris et Trudie ont quelques points à discuter avec nous. La police a demandé au public de cesser les recherches. C'est difficile à accepter, mais je comprends cette décision.

Ce qui pose plus de problèmes, c'est cette question de fouille des maisons du quartier. J'essaie d'expliquer que personne ne connaît les propriétaires, qu'ils ne sont pas de Soham et que cela me semble légitime.

J'expose mon plan à Chris. Bien sûr, dit-il, jamais ses supérieurs ne donneront leur aval. Mais mon plan, de toute manière, n'a jamais inclus la police. Tout ce que je lui demande, c'est de fermer les yeux.

Mais Chris fait tout pour obtenir un accord officiel. Il répète à sa hiérarchie que si les familles sont écartées de l'enquête, elles trouveront d'autres solutions. Il obtient finalement gain de cause.

La police ira fouiller les maisons dans l'après-midi. J'appelle mes amis plombiers pour leur dire que je n'aurai finalement pas besoin d'eux. Les risques que Chris a pris pour moi aujourd'hui resserrent nos liens de confiance.

Cela me laisse plus de temps pour recevoir Dennis Mackenzie. Il est accompagné d'une autre médium, Lorraine, qui a participé à l'enquête Sarah Payne. Dennis est un grand gaillard excentrique qui s'allonge sur le sol pour travailler. Lorraine au contraire est plus stricte dans son tailleur années cinquante.

Dennis nous pose des questions sensées. Il veut savoir comment nous révéler ce qu'il voit. Doit-il rester totalement fidèle au message et nous le transmettre sans détour, ou bien prendre des précautions, quitte à le dénaturer ? Ma femme et moi voulons tout savoir, aussi difficile que cela puisse être.

– *Je suis vraiment désolé,* répond-il alors, *mais les deux filles sont mortes.*

Je prends un coup de poing dans l'estomac et Nicola se met à pleurer.

– *Vous... Vous êtes sûr ?*

Pour toute réponse, Dennis incline la tête.

Il donne alors plus de précisions. Tout ce qu'il dit est à la fois précis et flou, décousu.

– *Il y a trois personnes impliquées,* continue-t-il. *Deux hommes et une femme. Un des deux hommes est brun, la trentaine. Le deuxième est bien plus vieux. La femme ressemble à une souris. Elle est assez jeune. Ils ne sont pas d'ici : ils ont un accent du Nord et viennent sans doute de York ou de Manchester. Je vois une vieille voiture rouge. Elle est petite, plutôt carrée à l'arrière. De l'eau coule près d'une maison. Il y a un très gros bâtiment, peut-être un moulin à vent, mais sans les ailes. Je vois des canards. Les filles ont été enveloppées dans quelque chose, un tapis peut-être. Elles ne sont plus à Soham. Je vois la lettre J. Peut-être le début d'un prénom chrétien, mais pas John.*

Dennis décrit la route où les filles ont été emmenées :

– *La route n'est pas goudronnée. Les lettres C et O figurent sur l'adresse de la propriété. Vous êtes passé à côté de cette maison au cours de vos recherches ? En regardant au-dehors depuis l'une des chambres de cette maison, j'aperçois le numéro 18. Est-ce que le mot Prickwillow vous évoque quelque chose ? Kevin, la police refuse de vous révéler certaines informations.*

Alors que la séance touche à sa fin, Lorraine parle à son tour :

– *Je vois Jessica de l'autre côté, mais je ne vois pas Holly.*

Les filles auraient-elles été séparées ? Holly serait-elle toujours vivante ?

Dennis vient avec moi inspecter les fameuses maisons suspectes. Pour moi, la route non goudronnée dont parle Dennis, c'est East Fen Common. De longs canaux la longent. Elle mène à Prickwillow. Je me souviens qu'il existe là-bas un musée sur l'assainissement des marais de la région et que le prénom du gardien commence par un J – il s'appelle Joan. Il faut y aller.

Sur le chemin, Dennis s'arrête net face à un porche. Il ressent quelque chose, et pour cause c'est l'endroit précis où j'ai rencontré ma femme en 1982. Encore un signe.

Il s'arrête encore. Il sent qu'un téléphone portable a été abandonné ici, dans la rivière. Holly a oublié son portable à la maison, mais personne n'a encore retrouvé celui de Jessica. Puis il touche la porte d'entrée de chacune des maisons, essayant d'y ressentir la présence de Holly ou de Jessica.

Trois maisons provoquent chez lui une impression négative : les trois que je suspectais. La dernière en particulier m'inquiète. Dennis sent que les filles ont été à proximité.

En route vers Prickwillow, nous passons près de mon ancienne maison. Dennis reste maintenant debout à l'extérieur de la voiture. Il est pâle et transpire.

– *Cette route est bien celle que j'ai vue pendant mes visions,* chuchote-t-il. *Quand les filles ont été transportées ici, elles étaient déjà mortes. Kevin, je ne me suis jamais trompé en annonçant la mort de quelqu'un. Cette fois-ci, je prie et j'espère être dans l'erreur.*

– *Nous serons deux à prier alors.*

Le silence s'installe. Nous sommes face à la maison dans laquelle ma grand-mère Ivy est née. Nous avions appelé notre fille Holly à cause de la chanson *The Holly and the Ivy* (le houx et le lierre). Et maintenant, d'après Dennis, Holly a rejoint Ivy.

Il s'en va et refuse que je le paie pour ses services.

Je me ressaisis et rentre à la maison. Je dois absolument raconter ça à la police. Dennis m'a convaincu, mais comment persuader les forces de l'ordre de fonder leurs recherches sur des visions ? Comme les enquêteurs ne veulent pas que nous nous sentions isolés, Chris m'accompagne et s'arrange pour qu'une équipe nous rejoigne. Nous commençons par les berges, les voies boueuses, les hangars, les bâtiments désaffectés et les granges. Je suis à l'affût.

Plus tard, alors que nous sommes tous les deux assis dans la voiture et que nous observons les policiers en pleine recherche, une question me vient à l'esprit :

– *Pourquoi n'appellent-ils pas Holly et Jessica à haute voix ?*

– *Je ne sais pas,* dit-il. *Je demanderai.*

Ce qu'il faut comprendre derrière ces mots, c'est que personne ne croit qu'elles soient encore vivantes. Puis, changeant de sujet, Chris me demande :

– *Parlez-moi de votre frère.*

– *C'est-à-dire ?*

– *C'est-à-dire, parlez-moi de votre frère !*

– *Je peux vous assurer qu'il est impossible que mon frère soit impliqué dans cette histoire.*

– *J'entends bien. Êtes-vous proches ?*

Je réponds à ces questions même si elles me semblent complètement absurdes. Il est temps de jouer cartes sur table et de vérifier si Dennis avait raison quand il a dit que la police me cachait des informations.

– *Chris, Dennis pense que vous me cachez quelque chose. C'est vrai ?*

– *...Oui.*

Silence. Je n'arrive pas à comprendre comment on peut cacher des informations à un père dont l'enfant a disparu.

– *Je suis au courant d'informations concernant l'enquête, que je ne peux pas partager avec vous pour des raisons strictement opérationnelles. Je ne vous mentirai pas. Je ne pourrai pas toujours vous renseigner. Cependant, je serai toujours honnête et vous pourrez avoir confiance en moi à tout moment. Si, à l'avenir, je ne peux vous révéler des informations, je vous le dirai.*

– *Ok.*

À ce moment-là, je ne savais pas que le travail de Chris consistait aussi à m'observer et à analyser mes réactions. Il m'a plus tard fait part de son rapport :

1. *Wells est très organisé. Il a besoin d'être toujours actif, de prendre des initiatives qui peuvent aider à retrouver sa fille.*
2. *Il a perdu le contrôle de sa maison, qui est envahie par son entourage, et n'a plus d'intimité avec Nicola.*
3. *Il demande à tout savoir et exige qu'on ne lui cache aucune information.*

Autre événement marquant aujourd'hui : les récompenses pour ceux qui retrouveraient les filles affluent. Un homme d'affaires anonyme a offert quinze mille euros. Je me sens impuissant.

Moi aussi, j'aurais dû offrir une récompense pour retrouver Holly. Je ne dispose pas d'autant d'argent, mais je peux vendre mon commerce et ma maison. J'ai à peine eu le temps d'évaluer la valeur de mon patrimoine qu'un homme d'affaires du Derbyshire fait une deuxième offre encore plus importante. Je n'arriverai jamais à réunir autant d'argent.

Les enchères continuent. *News of the World*[1] offre cent quarante-trois mille euros, et plus tard dans la journée, le groupe Express en offre un million quatre cent trente. Je ne suis pas à la hauteur.

Nous avons été tellement pris par les recherches que nous en perdons la notion du temps. À 19 heures se tient la messe à l'église St-Andrew. Il nous faut bien quarante minutes pour y parvenir. Nous arrivons en retard.

Il n'y a plus de places assises, mais Nicola m'en a réservé une à ses côtés. Oliver n'est pas là, il est parti

1. *News of the World* est un hebdomadaire people à très gros tirage.

chez son cousin. Nicola a pensé qu'il était mieux de le laisser là où il se sentait bien.

Je trouve ma femme très agitée. Elle a dû répondre aux questions de Trudie sur les phobies de Holly, ses endroits préférés, ses bijoux. La police a aussi demandé au médecin et au dentiste de notre fille de se présenter au poste de police. Nous savons très bien ce que cela veut dire.

Je prie pour que Holly et Jessica reviennent en vie. Je prie pour Oliver. Des centaines de personnes prient avec nous et allument des bougies. Je n'oublierai jamais cet instant.

Nous avons besoin d'être seuls. La disparition de Holly, la cérémonie, le poids des médias, c'est trop lourd à supporter. Le seul moyen pour ne pas se laisser aller est de penser pratique, de poursuivre les recherches.

Nous faisons la liste de toutes les maisons dont les adresses comportent les lettres C et O, situées près d'un large bâtiment ou d'un moulin à vent. Il y a deux moulins à vent à Soham, et l'un d'entre eux est derrière un cul-de-sac appelé Cornmills Road. Tout concorde. Rob m'y accompagne, sans résultat.

De retour à la maison, la télévision est allumée sur la chaîne d'information en continu qui diffuse une vidéo de la CCTV[1] montrant Holly et Jessica marchant, pleines d'entrain, en direction du centre sportif. Les

1. Closed Circuit Television : système de surveillance vidéo très répandu en Grande-Bretagne.

images sont floues, mais il n'y a aucun doute, ce sont bien elles. Nous sommes peut-être en face des dernières images des deux filles vivantes.

La première stupéfaction laisse vite place à la colère. Partout dans le pays, des inconnus ont découvert ces images en même temps que nous. C'est la deuxième fois.

J'arrive à joindre Chris à 22 h 54. Il s'excuse. Au ton de sa voix, je devine son embarras :

– *La chaîne nous avait assuré,* dit-il, *qu'elle ne diffuserait pas ces images avant jeudi pour que nous ayons le temps de vous en parler.*

Peu après minuit, Rob m'accompagne à Prickwillow pour fouiller un bâtiment abandonné sur la route d'Isleham. La nuit est très sombre, et nous portons tous les deux des battes de base-ball, au cas où. Je ne sais pas pourquoi je suis tellement convaincu que nous allons trouver les filles. Nous fouillons cet endroit qui me rappelle le hangar de mon grand-père. Le sol, les équipements agricoles, le bois pourri, tout y est. Aucun bruit, aucun signe. Je me demande ce qui m'a rendu si optimiste tout à l'heure.

Jamais je n'ai vécu une journée aussi longue de toute ma vie.

Jeudi 8 août

Aujourd'hui Trudie est arrivée à 20 h 30 avec la cassette de la CCTV en « exclusivité ». Ce sont bien les images de Holly et de Jessica. Trudie nous lit une déclaration qui a été écrite pour nous.

Nous sommes très émus chaque fois qu'une récompense est offerte, nous en sommes très touchés. Nous aimerions remercier tous les donateurs pour leur soutien continu.

En l'occurence, être « très émus » signifie être assis en braillant au milieu d'un champ, dans les marécages de Prickwillow. Nous donnons notre accord à la diffusion de cette déclaration.

Le *Daily Express* titre « Un million de récompense ». Le *Sun* offre cent cinquante mille livres. Voir ces récompenses encerclant les photos de Holly et Jessica nous anéantit.

Les officiers de police continuent à nous poser des questions insensées. Mais Nicola est rassurée d'avoir Trudie à ses côtés. Cela fait quatre jours que les filles ont disparu. Les chances de les retrouver vivantes s'amenuisent à mesure que le temps passe. Nicola reste très positive.

– *Jusqu'à ce qu'on nous dise le contraire, nous continuerons à chercher nos filles et garderons l'espoir qu'elles sont toujours en vie,* dit-elle avec énergie.

Il y a des posters sur toutes les vitrines des magasins. Bien que Soham soit devenue le repaire de la presse depuis ces dernières quarante-huit heures, les journalistes ne frappent plus à notre porte. Ils s'adressent directement au bureau de presse du poste de police de Cambridge.

L'école m'obsède. La dernière fois que je cherchais derrière l'école, j'ai été interrompu par Chris Mead. La vidéo de la CCTV montrait Holly et Jessica à proximité du centre sportif. Je dois retourner fouiller, mais ma promesse de collaborer avec la police me rattrape. Je dois attendre le retour de Chris. Patienter encore... Trudie nous informe qu'ils ont repéré une voiture suspecte. Les chiens ont flairé une piste à l'est de la maison. Il faut une autorisation officielle pour perquisitionner.

Les recherches sont hors de mon contrôle. Il faut attendre un temps fou pour obtenir une réponse. C'est à la fois une angoisse et une frustration, même si j'ai conscience de l'énorme travail fourni par la police, entre les milliers d'appels qu'ils doivent gérer et leurs analyses. J'entends bien leurs problèmes, mais je ne les comprends pas. L'inverse est vrai aussi.

J'attends Chris, mais il n'arrive pas. Je perds patience. J'appelle Trudie. J'aimerais que Chris vienne. Ça lui prendra environ quarante minutes pour arriver jusqu'ici.

Le temps passe. Toujours pas de Chris. Je dis à Trudie que je n'attendrai pas plus longtemps. Si la police pense que je peux brouiller les pistes, qu'elle me fasse accompagner par un officier, mais qu'elle le fasse maintenant ! Dieu sait que ce ne sont pas les officiers de police qui manquent dans cette ville. Je pars à la recherche d'un policier qui puisse m'accompagner. Chris appelle à ce moment-là. Il me promet d'annuler une réunion et d'être avec moi à 14 heures. Il arrive à 14 h 15.

Nous roulons vers l'école. Les camionnettes des télévisions sont garées partout et des cohortes de journalistes sont là. Sky a fait bâtir une tour de transmission. Les journalistes sont à l'affût de la moindre bribe d'information.

Il n'y a rien derrière l'enceinte de l'école. Je frappe à la porte des maisons.

– *Pardonnez-moi de vous déranger. Pouvons-nous jeter un œil dans votre jardin et votre débarras ?*

– *Si vous voulez Kevin, mais nous avons déjà cherché pour vous, vous savez.*

Je cherche dans Sand Street, observée par l'œil électronique de la tour de Sky. Je vais vers la rivière et le pont, me souvenant que Dennis y avait ressenti quelque chose.

Nous nous arrêtons pour éviter les photographes. De retour à la maison, j'apprends pourquoi Chris était en retard. Il devait assister à une réunion en compagnie des détectives ayant participé à l'enquête Sarah Payne. Il a aussi rencontré une pédopsychiatre, Ruth Harrison.

Nicola et moi refusons l'idée que Holly ait pu être kidnappée par un pédophile. Nous avons l'impression de passer pour de mauvais parents. Nous n'avions pas pensé qu'Oliver avait besoin d'un soutien psychologique.

Les officiers font de leur mieux. Certains viennent nous aider après leurs heures de travail. Ils n'ont toujours aucune piste et s'en tiennent à la procédure habituelle. Des délinquants sexuels, figurant sur une liste, sont interrogés.

La police fouille aussi les poubelles des maisons, à la recherche des vêtements des filles. Chris nous confirme que la déposition de Mrs Easy, le « témoin » de Thetford, n'est plus à l'étude.

Le téléphone sonne sans cesse. Chaque appel est une lueur d'espoir. Espoir toujours déçu.

En milieu d'après-midi, l'officier en charge des scènes de crime inspecte la chambre de Holly. Encore une intrusion.

On nous demande notre avis sur une allocution télévisée.
– *Nous ferons tout ce qu'il faudra pour que les filles reviennent,* répond Nicola.

La police nous recommande de l'enregistrer au plus vite avec Trevor McDonald. Nous acceptons. Les et

Sharon Chapman acceptent aussi. Ils viendront filmer demain.

La police veut un échantillon d'ADN de Holly. Ils prennent sa brosse à cheveux. La chambre de Holly a été couverte d'une poudre blanche, qui révèle les empreintes digitales. C'est étrange, un peu comme si des fantômes y avaient apposé leurs mains.

Chris nous demande alors comment nous voulons être tenus informés des principales découvertes. Évidemment nous voulons tout savoir et le plus vite possible ! Nous ne voulons pas qu'une information soit diffusée avant que nous soyons au courant. Chris nous donne un téléphone portable exclusivement consacré aux appels urgents.

Oliver est suivi par Ruth Harrison. Sa présence se fait familière. Elle est plus facile à accepter depuis que nous ne l'appelons plus « la psychologue pour enfants ».

Je n'en peux plus. Je suis resté tout l'après-midi assis à répondre aux questions. Il faut que je reprenne mes recherches ! Chris m'escorte. Nous suivons les visions du médium. Nous fouillons les champs, les entrepôts, les granges et les bâtiments abandonnés, aux alentours de Soham. Les marécages s'étendent, plats, interminables. Démoralisants.

Le lien entre Chris et moi se fait tous les jours plus fort. Il me pose la seule vraie question :

– *Où pensez-vous que Holly et Jessica soient, Kevin ?*

Nous nous observons un long moment. Je finis par avouer.
– *Elles sont toutes les deux mortes, Chris.*

Il me regarde silencieusement. C'est peut-être trop pour lui.

Il préfère revenir à la procédure normale. Je n'ai d'ailleurs toujours pas fait de déposition. Cela me semble être une perte de temps. Je préfère chercher ma fille que remplir des paperasses.

Notre maison est en permanence pleine. Tout le monde, de manière très organisée, vient faire le rapport détaillé de ses recherches. Toujours la même question, toujours la même réponse.
– *Des nouvelles ?*
– *Pas encore.*

Malgré son angoisse, Nicola réconforte nos amis et la famille. Elle m'impressionne.

La police a besoin d'aide. Le détective Gary Goose coordonne les agents de liaison, ce qui soulage Chris qui croule sous les appels téléphoniques. Chaque famille se voit attribuer un nouvel agent de liaison : le nôtre s'appelle Stewart Nicol. Nous le rencontrerons dans quelques jours et il prendra nos dépositions.

Oliver rentre enfin chez nous pour la première fois depuis dimanche dernier. C'est réconfortant de l'avoir près de nous. Il a l'air plutôt bien.

Cette longue et déprimante journée s'achève. Je n'arrête pas de penser au moment où nous allons retrouver les corps de Holly et de Jessica.

Nous nous raccrochons pourtant au moindre espoir. Il faut continuer. Demain, nous participons à l'enregistrement d'une édition spéciale de « Tonight with Trevor McDonald ». Grâce à l'énorme couverture médiatique, je me dis que si quelqu'un détient les filles, il doit être paniqué. S'il entend nos supplications, peut-être les relâchera-t-il.

Nous n'avons pas à simuler le désespoir, il se lit sur nos visages.

Vendredi 9 août

À 9 heures nous arrivons à l'hôtel *Marriott Huntington* pour l'enregistrement. Les, Sharon, Nicola et moi sommes nerveux. Nous n'avons aucune envie d'être là. Chaque famille doit être interviewée séparément. Nous partageons pourtant les mêmes souffrances. Finalement, on nous autorise à rester tous les quatre dans la même pièce, mais tout le jeu de la télévision est de placer l'illusion dans la réalité. Ils changeront d'angle de vue pour interviewer Les et Sharon, donnant ainsi l'impression que nous sommes restés face à face tout au long de l'entretien.

Nous sommes tendus, mais Colin Baker, le journaliste, prend le temps de nous expliquer le déroulement de l'entretien. Il nous rassure en nous expliquant qu'ils couperont des passages au montage si nous le voulons.

Nicola et moi passons les premiers. La salle est petite, et la lumière forte. C'est à cela que ressemble une foule qui vous observe. Nous supportons tout et transmettons notre espoir de revoir les filles en vie.

Quand vient le tour de Les et Sharon, ils nous imposent le respect par leur force et leur dignité. C'est si poignant que Colin Baker doit quitter la pièce un instant.

L'émission sera diffusée dans une semaine. Pourquoi ? Il faut qu'elle le soit maintenant, dès que possible. Pourquoi la conserver dans un tiroir une semaine ?

Sur le chemin du retour, je me demande si je dois rappeler Dennis. Quand Lorraine disait ne pas réussir à localiser Holly, nous comprenions qu'elle était peut-être encore en vie. Je voudrais en savoir plus mais Dennis est injoignable.

À 17 heures, Ruth Harrison vient pour évaluer l'état d'Oliver. Nous ne savions pas encore à ce moment-là qu'elle nous étudiait aussi. Il se passera près d'un an avant qu'on nous révèle l'existence de ses rapports et que nous puissions les lire.

Juste avant son arrivée, je parviens, dans mon petit bureau, à joindre Dennis :

– *Je suis désolé,* m'annonce-t-il, *mais le contact a été établi avec Holly, dans l'au-delà.*

– *Oh, non. Non. Non, ce n'est pas possible...*

– *Je suis navré, Kevin.*

J'écoute, silencieux, les détails.

– *Holly est allongée, le visage vers le sol, quelque part, un peu comme si elle flottait. Néanmoins, elle n'est pas dans une eau profonde.*

Et il répète :

– *Je suis vraiment désolé.*

Je fonds en larmes. Dennis vient d'éteindre mon dernier souffle d'espoir. Nous lui faisions confiance au point d'organiser nos battues sur la base de ses visions. La dernière chance de revoir Holly vivante a disparu. C'est fini. Holly ne fera plus jamais partie de nos vies.

Putain, et la police qui doit être là d'une minute à l'autre, il faut que je parle à Nicola. Et Oliver qui doit être évalué par le « Dr Trauma ». Est-ce qu'il faut que je lui en parle ? Je suis furieux d'avoir à prendre toutes ces décisions si vite. Je décide – je l'espère pour le bien de mon fils – de l'exclure. Je dois parler à ma femme tout de suite. Elle doit savoir ce qui est arrivé à sa petite fille... Quand elle entre dans le bureau, elle s'aperçoit immédiatement que quelque chose est arrivé.

– *J'ai des nouvelles terribles.*

Elle commence à pleurer et mes larmes repartent avec les siennes.

– *Que s'est-il passé ?*

Je n'arrive pas à parler.

– *Ils ont trouvé Holly ?*

Je n'arrive toujours pas à parler, mais parviens à secouer la tête. Impossible d'émettre un son, j'écris le nom de Dennis sur un morceau de papier. Nicola comprend immédiatement ce que cela veut dire.

La police est là, dehors. Du mieux que nous le pouvons, nous nous reprenons et allons ouvrir la porte. J'explique à Chris ce qui vient de se passer.

Mais il faut toujours nous accommoder des procédures. Ruth est ici pour rencontrer Oliver. Elle discute avec lui, pendant que Nicola et moi sommes assis aux côtés de Chris et de Trudie dans la salle à manger.

Pendant deux heures, ils essaient de nous remonter le moral. Chris nous propose de voir les choses sous un angle « objectif ».

– Nous réviserons ensemble demain les informations données par le médium. Nous essaierons d'être positifs, rationnels et constructifs. Ce que dit Dennis n'est pas forcément vrai.

En quelques heures, nous nous sentons un peu moins mal.

Ruth Harrison en a terminé avec Oliver et nous rejoint pour prendre une tasse de thé. Elle nous raconte qu'elle a utilisé un ordinateur portable pendant l'entretien et a demandé à Oliver de s'exprimer à l'aide d'une palette de couleurs. Oliver est très inquiet à cause des forces de police déployées, nous dit-elle, mais il a ressenti plus d'espoir à la vue des hélicoptères et des chiens pisteurs.

Notre fils pense que Holly a eu un accident et qu'elle est quelque part dans un fossé. Nous nous sentons coupables. À l'exception du soir de la disparition, nous avons délibérément isolé Oliver, pensant le protéger. Au lieu de cela, nous avons contribué à nourrir son anxiété. Et dire que je viens de l'exclure des observations de Dennis. Oliver a besoin d'un élément auquel s'accrocher dans le futur. Cela n'a l'air de rien, mais ni Nicola ni moi n'y avions pensé.

Chris convainc une équipe travaillant avec des chiens de prendre Oliver avec eux et demande pour lui une autorisation de participation à un survol en hélicoptère. Nicola et moi sommes assis là, à écouter Chris défendre « notre cas ». Il y a des problèmes d'assurance et de logistique, mais, à la fin de la journée, tous les obstacles sont levés.

Demain matin, Oliver participera aux recherches. De voir Chris travailler si dur pour le bien de ma famille me fait chaud au cœur.

Trudie me demande de fournir la liste de toutes les personnes qui ont travaillé pour moi ces dernières années. Je m'exécute, en précisant qu'aucune d'entre elles ne peut être impliquée dans un crime pareil, et qu'il s'agit d'une putain de perte de temps.

Mon beau-frère, Graham, a trouvé une maison qui colle aux « visions » de Dennis. Il y a de l'eau à l'extérieur, une vieille voiture rouge est garée devant, et le propriétaire de cette maison a l'air plutôt étrange. On y envoie des policiers. Chris et moi n'avons presque pas dormi depuis soixante-douze heures. Ce ne serait pas raisonnable d'y aller nous-mêmes.

Le téléphone n'arrête pas de sonner. On ne nous pose plus la question « Il y a du nouveau ? », mais plutôt « Vous tenez le coup ? » Cette évolution est assez révélatrice.

Demain nous rencontrerons notre troisième agent de liaison, Stewart Nicol.

Une fois seuls, Nicola et moi parlons de notre fils. Nous suivrons les recommandations de Ruth Harrison. Les choses vont assez mal comme ça. Nous n'interromprons plus une discussion importante si notre fils entre dans la pièce. Dieu sait que ce n'est pas l'enfance que nous souhaitions à notre garçon de douze ans ! Il va devoir grandir plus vite que nous ne l'avions envisagé.

Samedi 10 août

Peu de sommeil et toujours autant de questions sans réponses. C'est insensé que deux petites filles de dix ans, pleines de vie, se soient laissé entraîner dans un véhicule sans se débattre un minimum. Quelqu'un a sûrement vu ou entendu quelque chose.

Nicola va aller voir le nouvel agent de liaison pour faire sa déposition. Chris et moi accompagnons Oliver.

Mon fils est ravi d'être conduit dans une voiture de police. Il est enfin traité comme un grand. Un policier nous fait faire le tour de l'hélicoptère et Oliver a le droit de toucher l'écran et la caméra thermique. Il est subjugué. Je regarde l'hélicoptère décoller, pendant que le pilote explique à Oliver comment il fonctionne. Il voit quelque chose de rouge dans un champ, le pilote plonge vérifier, mais ce n'était pas le maillot d'une des filles.

Ce jour-là, perchés dans le ciel, ils n'ont rien trouvé. Malgré tout, cette initiative reste un succès. Oliver est le petit garçon le plus important du pays.

Alors que nous rentrons à Soham, Chris repère une équipe de recherches dans les champs. Nous nous arrêtons pour la rejoindre. Oliver peut constater une nouvelle fois les efforts déployés pour retrouver sa sœur. Il se met à chercher lui aussi, et il se concentre du mieux qu'il peut. Un nouveau lien se tisse entre Oliver et Chris. C'est une bonne chose.

Pendant ce temps, Nicola se rend à Ely pour y faire sa déposition. Quand elle revient à la maison, elle n'a plus une once d'énergie. Ses yeux sont rouges et gonflés. L'entretien a duré cinq longues heures.

J'en veux à Stewart, mais pour l'instant il n'est concerné que par la procédure. En guise de justification, il me demande de faire ma déposition dimanche. Je suis forcé d'accepter.

Il y a une reconstitution prévue aujourd'hui et la police ne nous a pas prévenus. Deux jeunes actrices ont été choisies pour jouer Holly et Jessica. Mon énervement me pousse à me retirer dans ma chambre à coucher pour me calmer. Plus je pense à cette reconstitution, moins je la trouve justifiée. Pourquoi faut-il qu'elle ait lieu aujourd'hui, un samedi, alors que c'est un dimanche que les filles ont disparu ? Et pourquoi n'a-t-elle pas lieu plus tard dans la soirée, à l'heure précise où les filles ont été vues pour la dernière fois ?

Et, en ouvrant les rideaux, je vois ma fille. Elle et Jessica sont vêtues de leur maillot de Manchester United et s'apprêtent à quitter Red House Gardens. À la vue des deux comédiennes, mon cœur manque de flancher. De dos, la ressemblance avec Holly est insoutenable.

Nous regardons tous la fin de la reconstitution à la télévision. La jeune comédienne qui incarne Holly lui ressemble et marche exactement comme elle. Il faut l'avouer, je suis moins attentif à Jessica.

Je suis trop touché, trop triste pour parler. Je demande à tout le monde de partir, à l'exception de la police. À mes questions sur le bien-fondé de cette reconstitution, on me répond avec diplomatie que demain, dimanche, certaines routes seront bloquées dès la fin de l'après-midi et jusque tard dans la soirée. La police ne veut pas avertir la population, au cas où quelqu'un tenterait de se dérober.

Je me sens idiot, je ne voulais pas remettre en question le professionnalisme de la police. Je suis sûr qu'ils ont pensé que je le leur reprochais.

Mais il y a un autre problème à régler. D'après les médias, Holly et Jessica « chattaient » sur Internet et elles étaient sur le point de rencontrer quelqu'un. Avant le départ des policiers, nous leur confions à quel point ces insinuations nous insupportent. Holly n'a jamais utilisé de chat room. La police le sait puisqu'elle a disséqué l'ordinateur familial. Les gros titres des journaux sont blessants. La police devrait faire une déclaration.

Stewart me prévient alors que l'épisode de ce soir de « A Touch of Frost » aura pour thème les enlèvements par des pédophiles. On regardera autre chose.

Un peu plus tard, Scott, mon collègue de travail, passe à la maison prendre des nouvelles et me rappelle qu'il faut organiser l'emploi du temps de la semaine prochaine, régler les factures, calculer le salaire des employés.

D'ordinaire, je fais tout ça le dimanche. Il ne faut pas que celui-ci soit différent des autres. J'appelle donc Chris : je n'irai pas faire ma déposition demain. Ça passe assez mal.

Je ne mesurais pas à quel point la police était préoccupée par cette déclaration. Les enquêteurs entraient dans un processus analytique et se demandaient ce qui m'empêchait de la faire.

La police peut passer autant de temps qu'elle veut à m'analyser, je ne peux simplement pas laisser mes employés et mes clients. C'est aussi simple que cela.

Notre espoir, notre seul espoir, est que les filles soient toujours en vie et qu'elles soient « simplement » entre les mains de kidnappeurs. L'un des officiers de police, David Hankins fait paraître une déclaration à l'intention des ravisseurs : nul n'est besoin de paniquer, relâcher les filles est la meilleure chose à faire. À cette lecture, ma femme et moi reprenons espoir. Demain, nous irons à l'église pour communier. Je n'ai pas communié depuis longtemps.

Dimanche 11 août

Pour aller à l'église, j'espérais un peu de calme, mais les journalistes sont partout. Si je m'étais senti mieux, je les aurais affrontés, mais j'ai préféré passer discrètement par le cimetière.

Je n'ai jamais vu autant de monde à St-Andrew. Malgré la foule, malgré l'angoisse, nous parvenons à nous recueillir, à nous détendre.

Ma mère, elle aussi présente, est agitée. Elle parle fort, fait de grands mouvements. Je pense qu'elle a trop bu. Le révérend est tellement surpris par son comportement qu'il s'interrompt dans son sermon. Stewart finit par la faire sortir. C'est la première fois qu'un membre de la famille s'expose aussi honteusement, cède face à l'émotion.

Pas grand-chose concernant l'enquête aujourd'hui. Le pédophile arrêté récemment a été relâché, et aucune charge n'a été retenue contre lui. La police a enfin convaincu les médias que les filles ne chattaient pas sur Internet. D'une certaine manière, c'est un soulagement.

Et puis quatre cent onze personnes ont appelé à la suite de la reconstitution, ce qui nous redonne aussi espoir. C'est un vrai soutien, toute cette mobilisation. De nombreux officiers vont patrouiller dans Soham et inspecter les routes. Ils en profiteront pour remettre des questionnaires à la population.

Ce soir « Tonight with Trevor McDonald » passe à la télé. À la fin de l'émission, David Hankins lancera un appel personnel aux ravisseurs. C'est un spécialiste des négociations dans la libération d'otages, nous comptons beaucoup sur lui. Si seulement cela avait autant d'impact que la reconstitution !

Trudie continue de réunir des objets ayant appartenu à Holly. Elle récupère même une vidéo sur laquelle Holly danse dans la troupe de majorettes. Elle a aussi demandé à Nicola de faire des recherches : le jour de sa disparition, Holly portait un soutien-gorge tout neuf, son premier. Ma femme a fait preuve d'un sang-froid dont je suis incapable pour retrouver le ticket de caisse.

Chris a fait de son mieux toute la journée pour proposer des activités à Oliver. Avec Trudie, ils vont assister à la démonstration du maître-chien Jeff Turner, à Ely. De mon côté, j'en profite pour me débarrasser des tâches administratives que j'ai délaissées ces derniers temps.

Encore une journée de passée, qui diminue d'autant les chances de revoir Holly.

Lundi 12 août

La police n'est pas très avancée. Elle a mis Soham sens dessus dessous, a fait du porte-à-porte dans tout le village, entendu des centaines d'habitants. Ses efforts n'ont pas vraiment payé, mais elle a enfin l'ombre d'une piste : un chauffeur de taxi, Yann Webster, a témoigné. Il dit avoir vu une voiture quatre portes vert métallisé conduire dangereusement en direction de Newmarket sur l'A142 avec deux enfants à bord. L'un à l'avant, l'autre à l'arrière. Selon le témoin, le conducteur était de race blanche et d'origine méditerranéenne. Or l'A142 passe par Soham, exactement à l'endroit où les filles ont été vues pour la dernière fois.

Mais quelque chose m'interpelle. Si les observations du chauffeur de taxi sont si précises et qu'il a suivi cette voiture sur au moins six miles, pourquoi n'a-t-il pas relevé le numéro de sa plaque minéralogique ? Nous avons déjà reçu tellement de fausses alertes que nous avons appris à réfréner nos élans d'espoir.

Nos agents de liaison pensent toujours que les filles connaissaient leurs ravisseurs. Mais comment y croire ?

Nous connaissons nos amis depuis si longtemps... Chris et Trudie n'en démordent pas : statistiquement, ce genre d'horreur est souvent commis par des amis ou des membres de la famille. Ils insistent donc et nous demandent de remettre une liste.

Alors qui ? Ma mère ? Ma tante ? Mon associé ? Je n'ai personne à proposer. Il fallait s'y attendre, ma réponse ne leur convient pas. Je suis censé les aider, oui ou non ?

Diplomate, Chris aborde le problème sous un autre angle et me demande quelles sont les personnes que Holly accepterait de suivre dans une voiture. Sur cette liste, avec qui ne suis-je pas à 100 % à l'aise ? Je n'arrive pas à me concentrer et je doute de mes jugements sous une telle pression.

Finalement, mais avec réticence, je finis par mentionner les noms de deux personnes et j'explique que je me fonde sur les observations du médium. J'ai conscience que la police n'agira pas sur la base des « informations » de Dennis.

L'entretien prend fin à 14 h 36. Nicola avait mis deux fois plus de temps. J'y ai peut-être mis de la mauvaise volonté ? Je me sens un peu coupable. Sur le chemin du retour, je n'arrive pas à m'empêcher de penser que ma déclaration a été sans intérêt.

À peine arrivé, il faut repartir : la police a enfin décidé que la presse devait disposer d'une copie exacte du téléphone portable de Jessica. Comme c'est le même que le mien, je vais le leur donner. On dissimulera à la presse un détail important qui pourrait permettre d'identifier les ravisseurs : le téléphone de Jessica, lui, était couvert d'une large bande de Scotch pour maintenir les deux parties ensemble.

À la conférence de presse du jour, le détective en chef annonce la mise en place d'un numéro de téléphone spécial pour les témoins potentiels : les médias deviennent critiques et la police, à défaut de pistes, a besoin de montrer qu'elle ne reste pas inactive.

Le soir, nous nous rendons au QG pour voir « Tonight with Trevor McDonald ». Nous pourrons suivre en direct les appels au standard. On nous installe dans la grande chambre de contrôle. Les opérateurs enregistrent tous les appels, et c'est le superviseur qui décide de leur importance. Cela fait du bien de se sentir impliqué dans l'enquête.

Premier appel. Chris autorise l'opérateur à monter le son, pour que nous puissions entendre :

– *C'est le père qui l'a fait,* dit une voix au téléphone.

J'en reste sans voix, mais Chris réagit :
– *Désolé, laissez-moi en traiter un autre.*
– *Je suis père de famille moi aussi,* continue la voix.
– *Oh, c'est encore mieux,* dis-je. *Rappelez-moi d'organiser une association « Les pères ne sont pas des délinquants », si je me sors de cet enfer.*
– *Laissez-moi en traiter un autre,* dit Chris en souriant.

L'humour noir, c'est tout ce qui me reste pour tenir. Colin Baker, le journaliste, a tenu sa promesse de couper au montage les séquences dont nous n'étions pas satisfaits, mais l'émission reste assez insoutenable. J'en ai la chair de poule, mais je suis touché par l'appel de David Beck[1] aux ravisseurs :

– *Laissez les filles quelque part. Quelque part où elles pourront être retrouvées saines et sauves. Écoutez votre conscience et vous saurez que c'est la meilleure chose à faire.*

On nous remet ensuite la déposition du chauffeur de taxi. Il a tenté de contacter la police plus tôt pour témoigner, ce qui est assez inquiétant. Ça va sûrement faire réagir les médias. Ils vont surveiller avec encore plus d'attention le travail des forces de l'ordre.

Quand nous rentrons, vers 22 heures, il me vient une idée. J'ai l'impression, inexplicable, que le chauffeur de la fameuse voiture verte vient de Studlands Park, où sont installés les militaires américains. Évidemment, Chris n'est pas très chaud, mais je n'en ai rien à foutre. Il finit par céder. Une fois encore, un coup dans l'eau.

De retour chez moi, je fais le point sur la journée. Le chauffeur de taxi n'a pas été le seul à avoir vu Holly et Jessica : dans l'après-midi, un autre témoin a été entendu à Thetford.

Des amis sont allés vérifier, sans succès.

N'empêche, mieux vaut se déplacer à chaque fois, on ne sait jamais. Déjà qu'on ne peut pas vérifier tous les témoignages... Il y en a même qui viennent d'Irlande !

1. David Beck est le superintendant chargé de l'enquête.

J'ai beau réfléchir, je ne vois rien de neuf, je me sens frustré. Il faut que j'agisse. Je refais un aller-retour à Studlands Park... pour rien. Je ne peux pas dormir, je ne veux pas réveiller Nicola, je roule jusqu'à l'église.

Pas moyen de trouver l'interrupteur, je reste seul plus d'une heure, dans la pénombre. Je prie, je prie fort et à haute voix, suppliant Dieu de nous offrir son aide, ma voix résonne dans l'église.

Je ferais n'importe quoi pour retrouver Holly.

Mardi 13 août

Je n'ai même pas rejoint Nicola au lit. Je vais au coin de la rue pour acheter la presse, ma présence gêne manifestement les clients. Personne ne parle, on évite de me regarder.

Titre du *Daily Mirror* : « Retrouvez-le », en parlant du chauffeur de la voiture verte. Il y a une interview touchante d'une ancienne institutrice de Holly, Mrs Pederson, qui rentre juste de vacances passées en Italie, et n'a donc entendu parler de la disparition des filles qu'à son retour. Son interview s'achève par le poème que Holly lui avait écrit à la fin du trimestre :

Mrs Pederson est vraiment cool
Elle est la meilleure de l'école
Tous les jours elle fait cours
Elle doit être contente le samedi.

Aujourd'hui c'est au tour d'Oliver d'être interrogé par la police. Nous décidons de ne rien lui rappeler du dimanche 4 août. Il doit retrouver ses propres impressions. Nous ne pouvons pas rester avec lui pendant l'entretien mais un adulte de notre choix pourra l'accompagner. Ce sera tante Sheena.

L'entretien dure une heure et six minutes. Je le sais bien, pour avoir compté chaque minute.

À son retour, il a l'air d'être incroyablement détendu. Sheena nous raconte qu'il a été très calme, qu'il semblait triste et qu'il se contentait souvent d'incliner la tête. Il a fait des réponses concises et a fait référence à un tout autre dimanche, un barbecue qui avait eu lieu une semaine plus tôt, le 28 juillet. Il est perturbé en ce moment, mais il ne le montre pas.

La compagnie de téléphonie confirme l'heure du dernier appel reçu sur le portable de Jessica : 18 h 46. À ce moment-là, le mobile était éteint ou en veille. Or si les ravisseurs ont éteint eux-mêmes le téléphone, les filles étaient déjà entre leurs mains avant même qu'on ne s'aperçoive de leur disparition, trois heures avant que l'on parte à leur recherche. Je ne veux pas y penser.

Nouvelle conférence de presse : Chris et le détective Amanda Blith, un agent de liaison de la famille Chapman, doivent expliquer les différentes actions de la police. La presse est de plus en plus dubitative quant à l'efficacité de l'enquête. Le détective en chef Andy Hebb essaie de faire comprendre aux journalistes que mettre en cause les forces de l'ordre n'aiderait pas à retrouver les petites. Chris résume la situation ainsi :

– *Les familles sont conscientes de l'importance du rôle des médias dans les recherches, et je sais qu'elles sont extrêmement reconnaissantes de vos efforts et de votre soutien dans cette enquête. Nous sommes entièrement dévoués à la recherche de Holly et de Jessica ; en tant qu'agents de liaison, rien ne peut plus nous satisfaire que de savoir les filles de retour dans leur famille.*

À la fin de la conférence, il doit répondre aux demandes d'interviews. Nous rentrons sans l'attendre.

Quand il arrive à la maison, son visage est décomposé. Il lui restait deux interviews à donner quand on lui a fait part d'un nouveau témoignage.

Quelqu'un, après avoir entendu des cris sur la colline Warren dimanche 4, a décidé de se rendre sur le site lui-même. Il y a trouvé deux monticules de terre retournée et des traces de roues à proximité. Après son appel, la police du Suffolk a isolé immédiatement la zone et l'a classée scène de crime potentielle.

Maigre consolation, les médias n'ont pas découvert l'information avant que la police ait eu le temps de nous en informer. Silence.

– *Il faut s'attendre à y trouver les tombes de Holly et de Jessica,* termine Chris. *Je suis sincèrement désolé.*

Nous avons perdu Holly. Je me mets à pleurer, Nicola aussi. Oliver nous rejoint. Aucun de nous deux ne parvient à parler, Nicola tend ses bras, nous le serrons fort. C'est Chris qui prend la décision de lui annoncer la nouvelle.

Les tombes sont forcément celles de Holly et de Jessica.

L'information est douloureuse, mais doit rester confidentielle. Quand j'en parle à Andrew, mon frère, je ne me doute pas des conséquences de mon acte.

Andrew a été séduit par une belle reporter télévisée. Elle a compris qu'il avait désespérément besoin d'une épaule pour pleurer. Il lui a donné tous les détails sur la dernière nouvelle. Quinze minutes plus tard, la nouvelle est à la télévision.

Après la colère, vient l'inquiétude. Nicola a peur que sa mère ait appris tout ça par la télévision, à peine quelques semaines après avoir été opérée du cœur. Quant à la police, sûre que personne dans ses rangs n'a laissé filtrer l'information, elle ne nous fait plus confiance. Il ne nous reste plus qu'à regarder la télévision. Oliver est triste, en retrait. Je ne peux rien faire d'autre que de le serrer dans mes bras.

Stewart et Chris, eux, sont dans une impasse. Ils savent très bien à quel point nous avons besoin de savoir si les corps retrouvés dans ces tombes sont ceux de Holly et de Jessica. Mais leurs collègues ne semblent pas franchement comprendre : ils ont décidé de ne commencer les recherches que demain matin ! Nos deux agents de liaison font de leur mieux pour convaincre leurs responsables. Nous ne pouvons pas attendre.

Ce dénouement qui approche affole aussi les médias : oublié le respect, les journalistes se bousculent à notre porte, le micro tendu. Stewart et Chris les font circuler un peu sèchement.

Je ne supporte plus de rester enfermé, je vais m'asseoir dehors avec Rob. Je me résigne. Ma fille est morte. L'idée d'attendre encore dix ou douze heures avant que les équipes médico-légales fassent leur travail est insupportable. Je demande à Rob d'aller acheter une bouteille de whisky.

Chris intervient :

– *Kevin, cela n'aidera pas,* me dit-il.

Je m'en fous.

– *Et merde Rob, va chercher ce whisky !*

J'ai à peine le temps de boire quelques gorgées que les autorités ont changé d'avis, et je crois que les médias n'y sont pas étrangers. Nous sommes soulagés, même si nous savons bien ce qu'ils s'attendent à trouver.

Ironie du sort : nous recevons à ce moment-là un appel de la directrice de l'école, Margaret Bryden, qui a libéré quelques pièces du bâtiment car elle a pensé que nous devions manquer de place chez nous. Elle a prévenu le gardien, Ian Huntley, de s'attendre à notre arrivé à n'importe quelle heure du jour ou de la nuit. Je la remercie et plains le pauvre Huntley d'avoir à s'occuper de nous même hors de ses heures de travail.

De toute façon, même si les fouilles commencent cette nuit, il n'y aura rien de nouveau avant 5 heures du matin. Les équipes médico-légales travaillent lentement.

Stewart et Chris partent se reposer, la maison se vide, et nous restons seuls avec Trudie. Nous montons nous coucher : tout est terminé, nous le sentons bien. Je demande à Trudie de ne nous déranger sous aucun prétexte, sauf si les tombes ne sont pas celles des deux filles.

Nicola prend un somnifère, mais moi, malgré la fatigue, je ne parviens qu'à somnoler.

Vers 4 heures du matin, j'entends Trudie se déplacer en bas. Elle ouvre la porte du salon, monte les escaliers. Espoir. Elle frappe tout doucement à la porte et murmure :

– *Kevin, le premier site est une taupinière. Pour le deuxième, c'est sans doute pareil.*

J'étouffe un cri de joie, réveille Nicola, fonce au rez-de-chaussée, sors de la maison. Je cours à la rencontre de quelqu'un avec qui partager cette bonne nouvelle.

Je ne sais pas qui je m'attendais à rencontrer à 4 heures du matin dans Soham endormie, mais je ne parviens pas à m'arrêter de courir. Je vais chez les parents de Nicola. Le rez-de-chaussée est allumé, ils sont tous les deux debout. Je ne peux pas parler, je ne me contrôle plus. Je souffle plutôt que je ne parle :

– *Ce ne sont pas Holly et Jessica. Ce sont des putains de taupinières. Il nous reste encore une chance.*

Ça ressemble à un miracle.

Mercredi 14 août

Je commence à avoir l'habitude d'être seul. De toute façon, je ne me sens pas seul puisque j'ai dans les bras Snoozums, le doudou de Holly. C'est son odeur que j'ai dans les bras. Mais il n'y a toujours aucune piste.

Stewart et Chris nous expliquent que, vu le nombre d'appels – mille cinq cents – reçus à la cellule de crise, ils ont mis en place un système spécial de traitement des appels. Le nombre d'officiers qui font du porte-à-porte ou des battues a été doublé.

Crimewatch[1], l'émission de la BBC, est prête à faire une « spéciale » la semaine prochaine.

Les parents Chapman et nous, nous cosignons une déposition générale qui sera largement diffusée par les services de police.

Les dernières vingt-quatre heures ont été particulièrement éprouvantes pour les deux familles. Nicola, Kevin, Les et

1. *Crimewatch* est une émission sur les faits divers avec appels à témoins.

Sharon ont tous désespérément envie de voir leurs filles de retour, saines et sauves ; les familles ont passé une très longue nuit avant qu'on leur confirme que les monticules de terre n'étaient pas les tombes de Holly et de Jessica.

Le tourbillon émotionnel continue néanmoins pour eux tous. Avoir été informés que les filles avaient été vues, la découverte de Newmarket ; tout cela les a laissés anéantis, effrayés par ce que l'on pourrait encore trouver.

Clairement, l'annonce que les corps n'avaient pas été retrouvés a été un grand soulagement : cela permet toujours de croire que Holly et Jessica sont encore en vie et seront de retour chez elles saines et sauves très très bientôt.

Cette déclaration a été diffusée dans l'après-midi. Mon ami James Fuller, qui écrit pour l'édition locale du soir de Cambridge, me propose d'en reproduire un passage dans son journal.

Nicola et moi voulons écrire une lettre publique à l'attention de Holly et de ses ravisseurs. C'est aussi une stratégie pour ne pas baisser la garde pendant le week-end à venir. Nous nous appuyons sur les recommandations d'un psychologue et nous concentrons surtout sur la phraséologie. On nous conseille par exemple d'utiliser de préférence l'adjectif « difficile » plutôt que celui de « traumatisant ».

Je suis toujours obsédé par l'idée de retrouver les filles. J'ai été contacté par deux autres médiums. Leurs informations ne sont pas aussi précises que celles de Dennis :

Dans leurs visions, la fameuse maison apparaît. On voit le numéro 18 en regardant vers l'extérieur. Trois personnes seraient impliquées. La plus jeune a les traits du visages aiguisés, un peu comme une souris. Il y a un nom de route commençant par un C, dans un état délabré.

Les filles seraient maintenant à l'est de Soham. Elles seraient sur le point d'être séparées. Aucune de ces trois personnes ne sait vraiment que faire. Holly et Jessica seront retrouvées, presque par accident.

On voit aussi à l'est de Soham trois villages dont les noms commencent par les lettres M, B et W. Le village dont le nom commence par un B est le plus grand. Le village dont le nom commence par un W est plus loin. De très mauvaises sensations au sujet de cette localité.

Une personne brune debout devant un restaurant italien. Le nom de Muggsy, Muttley ou Muggly. Un homme vivant avec sa mère aux cheveux gris.

Ces séances sont éprouvantes même si leur impact est minime. La police est sceptique. Je les comprends mais leur enquête patine tellement ! S'ils ne le font pas, je suivrais ces pistes moi-même.

Trudy Wright m'accompagne au bureau du conseil du comté de East Cambridge pour chercher un nom de famille ressemblant à Muggsy, Muttley ou Muggly. Aucun ne colle.

Nous rentrons à Soham et cherchons dans l'annuaire un nom similaire. Si quelqu'un dont le nom commence par un C vit dans cette ville... nous suivrons cette piste. Mais nos qualités de détectives, ou plutôt l'absence de ces qualités, nous rattrapent vite. Nous ne trouvons rien. Nous persistons. Peut-être s'agit-il de surnoms ?

Nous avons plus de chance avec les lettres des trois villages. Si on suit les visions du médium, il s'agirait de Mildenhall, West Row et Bury St Edmunds. D'un point de vue géographique, c'est plausible. Nous achetons des cartes, et des amis partent pour le Suffolk. Nicola et moi restons en retrait à la maison. Entre effondrement et stress, nous essayons de continuer à parler. Je lui confie que je n'ai pas donné toutes les informations aux équipes de recherches, notamment celle du médium qui voit les filles déjà mortes.

Nous essayons de rester ancrés dans une certaine réalité. Nous passons du temps avec Oliver.

En fond sonore se joue le tour préliminaire de la Ligue des Champions : Manchester United contre Budapest. 1-0 pour Budapest. L'une des interruptions publicitaires annonce un numéro de téléphone à utiliser dans le cadre des recherches de Holly et de Jessica. Le message vient de l'association des personnes disparues.

Je regarde, assommé, la deuxième mi-temps. Quel genre de père cela fait-il donc de moi ?

À minuit, nous n'en pouvons plus. Pour une fois, je sombre en quelques minutes dans un sommeil profond.

Jeudi 15 août

Pas de nouvelles, pas de pistes. Nous n'attendons plus rien d'autre maintenant.

Chris et Stewart, dès le matin, entonnent leur vieille rengaine : ils veulent une liste des personnes que Holly suivrait dans une voiture. Cette liste doit être prête ce matin, quoi que j'en pense. Mais même après onze jours de recherches, je n'ai pas changé d'avis.

Je ne dis rien.

Chris change, une nouvelle fois, de stratégie. Il lit à haute voix des noms qui figurent sur une liste et me demande d'y répondre par oui ou par non. Je n'ai aucune envie d'être désagréable avec lui ni avec Stewart, mais je déteste cet exercice. Mais bon, je ne veux pas faire d'obstruction, et puis Chris a été subtil. De cette façon, ce n'est pas comme si je mettais en avant des noms moi-même.

Nicola rentre de chez sa sœur au moment où nous commençons. Elle ne met pas longtemps à comprendre ce qui se passe et, en entrant dans la pièce, elle entend les noms de Rob et Trudy Wright. Je dis souvent que Nicola est plus proche de Trudy qu'elle ne l'est de moi, et je pèse mes mots ; il ne faut jamais, jamais, faire de commentaire négatif sur son amie. J'aurais aussi bien pu citer la reine ! Je souris légèrement en voyant les agents patauger dans la semoule face à la colère de ma femme. Nicola interprète mal mon sourire et m'envoie balader. Elle est livide.

Explications. Chris et Stewart insistent : pour eux, la réponse se trouve à l'intérieur même de Soham, d'où l'importance de la liste.

Finalement nous répondons ensemble au questionnaire, puis on nous demande de nommer notre top trois, quel que soit l'ordre. Sur les trois noms que nous citons, deux sont les mêmes : pour Chris et Stewart, c'est intéressant ; mais nous, ça nous embête plus qu'autre chose.

Il nous faut ensuite rédiger la lettre à Holly et à ses ravisseurs que Trudie veut pour demain :

Notre Holly chérie,

Sois forte s'il te plaît. Tu nous manques tellement. Crois-nous si nous te disons que la fin est proche et que tu seras bientôt de retour à la maison.

Holly, tu n'as rien fait de mal ma chérie, essaie juste d'être forte pour l'instant. Personne ne ferme l'œil à la maison en attendant ton retour.

Snoozums t'attend toujours sur ton oreiller, où tu pourras bientôt le cajoler de nouveau, nous te le promettons. Tout le monde prie pour que tu sois vite de retour en bonne santé.

Vient immédiatement l'appel suivant :

Nous demandons à toute personne qui connaîtrait l'identité des ravisseurs de se faire connaître. Ne vous laissez pas tromper par une loyauté aveugle. Un appel téléphonique peut mettre fin au cauchemar et changer nos vies dans le bon sens.

Nous savons qu'il y a du bon dans chacun de nous, trouvez s'il vous plaît celui qui est en vous et sauvez Holly et Jessica.

Nous signons la lettre. Rédiger un texte pareil, c'est plus qu'une épreuve.

Mais dans ces moments difficiles, nous pouvons voir à quel point nous sommes soutenus par notre entourage : la marraine de Holly, Donna Paxton Tomb, est de retour des États-Unis exprès pour aider son amie d'enfance, Nicola.

La mère de Donna, Coral Paxton, a déjà eu recours aux services d'un médium lors de la perte d'un ami très proche. Ce médium, Ron Moulding, a vu de façon très nette le visage des deux responsables : un homme au cheveux courts et bruns et une femme plus jeune, qui ressemble à une souris.

Il peut passer chez nous dès demain, et il faudrait qu'un dessinateur de la police soit là pour établir des portraits-robots. Chris va immédiatement voir ce qu'il peut faire pour ça. Le délai lui semble un peu court. Je suis assez confiant : je connais beaucoup de gens par ici, et je suis sûr de pouvoir les reconnaître.

Le soir, il y a une réunion publique dans le hall Lodeside. L'ambiance est de plus en plus pesante : le détective en chef Andy Hebb demande à tous de surveiller le comportement de leurs amis, parents, voisins.

La police se concentre sur Soham, et Soham sur la police : étant donné l'absence de progrès, la population, frustrée, émet des suggestions. Elle veut voir fouillées toutes les maisons de Soham, une à une. Mais nous savons bien, tous, quelle sera la réponse de la police à ce sujet.

Les médias recherchent des témoins pour des interviews. Ian Huntley, le gardien, est volontaire. Il s'est déjà forgé une petite notoriété, puisqu'il est le dernier à avoir vu les filles vivantes, et il répète ce qu'il a dit auparavant : ses profonds regrets, ses souvenirs des petites...

À minuit, ce sera le dernier moment, la date limite donnée aux ravisseurs par David Beck pour leur permettre de contacter les forces de l'ordre. Nous ne comptons même plus là-dessus.

Au même moment, comme nous l'apprendrons plus tard, l'enquête fait un grand pas dans les bureaux de la police : Chris Stevenson, un autre policier, rejoint David Beck. Ils échangent leurs listes de suspects qui comportent trois noms. En haut de cette liste figure le nom d'un certain Ian Huntley.

Vendredi 16 août

Ron Moulding, le second médium, arrivera peut-être à tout changer. Au cours de la matinée, j'espère avoir le portrait des deux ravisseurs. Quand Chris appelle, il a l'air surtout préoccupé par la réunion de 11 h 30 à laquelle nous devons assister. Nous n'étions pas prévenus.

Comme nous, les médias pensent que l'enquête est au point mort. David Beck est en première ligne. On lui reproche d'être venu à Soham trop tard. Nous ne partageons pas cette critique, et cette histoire nous intéresse peu.

Ron Moulding arrive. Il est pressé de se mettre au travail, mais il veut absolument l'aide d'un portraitiste.

Aucun problème, je l'avais demandé à Chris. Sauf qu'il me dit qu'ils n'ont pas eu le temps de s'en occuper. Je suis déçu car je suis sûr que nous pourrions avancer si nous obtenions les portraits.

J'ai l'impression que cette piste n'est pas traitée sérieusement. Je ne pensais pas qu'il était si difficile d'obtenir les services d'un portraitiste.

Ron voit bien ma déception. Il a fait le voyage depuis Norfolk, a refusé qu'on le paie, et le fait de ne pas avoir réussi à avoir un portraitiste me rend dingue. J'aimerais qu'il puisse au moins me décrire les deux visages qu'il a vus. Il me fait les mêmes descriptions que Dennis – une femme aux traits anguleux et un homme avec les cheveux courts. Nous sommes stupéfaits. Ron ajoute que les filles seront trouvées à l'est de Soham.

Chris, Stewart et Trudie sont sceptiques et ne le cachent pas. Ils ne pensent qu'à la conférence de presse que nous devons donner. Pour moi, ce n'est pas une priorité, et je le leur dis. Je ne veux plus y aller, même si Chris nous avertit qu'on peut s'attendre à des spéculations journalistiques si une famille n'est pas présente à la conférence de presse. Je cède :

– *Ainsi soit-il, Chris.*

Si j'avais eu les idées plus claires, j'aurais pu lui rappeler que Nicola et moi avions déjà fait une conférence de presse sans les Chapman.

Ron continue sa description. Il voit un vaste espace ouvert avec ce qui a l'air d'une petite maison. Stewart et Chris l'interrompent. Rien à faire, quitte à tendre les relations que j'ai avec eux, je veux rester avec le médium.

Je ne veux regarder ni Chris ni ses collègues, je prends donc un crayon et une feuille de papier et commence à écrire les chiffres de 1 à 10 en ligne droite, de gauche à droite. Je répète l'exercice, m'assurant que le 1 et le 10 soient exactement parallèles. J'ai l'intention plutôt pathétique de remplir la page entière.

Ron me regarde et me dit :
– *Pourquoi venez-vous juste d'écrire ces mots : la maison du gardien ?*

Je tourne la feuille de papier et lui montre que je n'ai écrit que des lignes de nombres. Il me répète qu'il vient de voir clairement les trois mots sur la page : « maison du gardien ». Chris et Steward réagissent immédiatement. Cette observation a apparemment touché une corde sensible. Il est incapable d'en dire plus.

Il reste huit minutes avant la diffusion en direct de la conférence de presse à laquelle nous devons assister. Ni Nicola ni moi ne comprenons le but de cette conférence. Les téléphones de Stewart et Chris n'arrêtent pas de sonner pour savoir où nous sommes. Je les soupçonne de ne pas avoir dit à leurs supérieurs que je n'avais plus envie de coopérer.

Après tout, Chris m'a évalué – sans que je le sache – comme étant « difficile ».

Je n'irai pas à cette conférence de presse parce que je veux en savoir plus sur la « maison du gardien ». Je me souviens avoir fait le nettoyage des fenêtres d'une maison qui s'appelait ainsi. Elle était du côté Est des marais de Soham. Je veux y aller. Je ne veux pas perdre mon temps à la conférence de presse, mais poursuivre les recherches.

Chris et Stewart insistent et demandent à nous parler en privé. Nous nous éloignons de Ron.

– *Il y a eu un développement significatif,* nous disent-ils. *Il est nécessaire que vous assistiez à la conférence de presse, on vous en dira plus là-bas.*

Nous sommes abasourdis. La police aurait-elle donné ces informations si nous n'étions pas allés à cette conférence ? Est-ce pour cette raison qu'aucun portraitiste n'est venu ? S'agit-il de mauvaises nouvelles ? Ne peuvent-ils pas nous donner des informations ?

Je ne comprends plus rien. Je suis sur le point de craquer. Je ne peux pas accepter cette politique de la carotte. J'ai collaboré avec la police pendant ces douze derniers jours et je découvre aujourd'hui, parce que je ne veux plus collaborer, qu'ils détiennent des informations qu'ils n'ont pas jugé bon de partager avec nous.

Il nous reste six minutes pour nous rendre à la conférence de presse.

Le fait qu'ils aient des informations et ne me les donnent pas va à l'encontre de notre accord tacite. Même si Chris me dit qu'il ne m'a jamais menti, la confiance est rompue. Son mensonge a été au minimum un mensonge par omission. Je me sens abandonné. J'ai aussi l'impression qu'il s'agit d'une ruse pour nous faire venir à la conférence de presse.

Plus que cinq minutes avant le début de la conférence télévisée.

– *Kevin, il faut y aller et il faut y aller maintenant. Je vous demande de nous faire confiance. On nous a assuré qu'il s'agissait d'un développement significatif. Nous faites-vous confiance ? Nous vous avons déjà abandonnés ?* nous dit Stewart.

Le lien entre eux et nous s'émousse. Nous avions tissé un lien très spécial, mais l'absence du portraitiste ce matin nous met dans une situation inconfortable.

Oseraient-ils mettre en péril notre relation de confiance et de travail en nous mentant juste pour que nous venions à une conférence de presse ? Je ne crois pas. L'insistance de Stewart me fait changer d'avis. Je m'excuse auprès de Ron tout en m'assurant que nous puissions nous revoir bientôt.

Matt Tapp, le consultant-presse de la police du comté de Cambridge, nous attend. Il nous assure que nous pourrons arrêter la conférence par un simple signe de la main. Il organisera tout pour que les questions posées ne soient pas un déluge chaotique de piques – comme c'est déjà arrivé précédemment. Je n'aime pas ces situations. J'ai l'impression d'un affrontement.

Lorsque nous empruntons le couloir qui mène au hall principal, nous entendons déjà un bruit impressionnant. Il y a plus de journalistes que jamais. J'ai besoin d'un instant avant de faire face aux appareils photo. Nous avons dû faire vite et nous sommes moins prêts que jamais. Nous attendons le fameux « développement significatif ». Les Chapman n'ont pas l'air au courant. J'essaie de réprimer ma colère.

On nous pose beaucoup de questions. Je suis assez perdu. Je n'arrive pas à être vraiment présent. Je suis épuisé. Je ne pense qu'au portraitiste qu'ils n'ont pas fait venir.

Certains journalistes ont raison – la police est inutile. Je ne dis rien, cela ne servirait à rien, mais ça me demande tout de même un effort monumental. Je disculpe la police surtout pour « la nuit de Newmarket », confirmant qu'elle suivait les demandes spécifiques des familles. J'ajoute que tout est fait pour retrouver Holly et Jessica. Je soutiens la police, même s'il n'y a pas de piste claire.

La conférence est finie, et toujours pas de « développement significatif ».

Les agents de liaison ont dû passer de nombreux coups de fil pour confirmer qu'ils pouvaient partager avec nous les dernières informations. Nous attendons, anxieux. Il se passe quelque chose. Stewart et Chris s'isolent pour parler. Nous sommes sur des charbons ardents. Chris revient vers nous et nous dit d'un ton hésitant :

– *Voilà Ian Huntley est maintenant traité comme un témoin significatif.*

– *Qu'est-ce que cela veut dire ?* je demande.

– *Il va aider la police, puisqu'il est, semble-t-il, la dernière personne à avoir vu les filles vivantes.*

– *Être témoin signifie avoir vu quelque chose. Cela ne signifie pas qu'il ait fait quoi que ce soit. Nous n'avons pas plus de renseignements qu'avant, Chris.*

Chris et Stewart savent tous les deux que ce n'est pas un « développement significatif ». Nous sommes déjà au courant que Ian Huntley est la dernière personne à avoir vu les filles vivantes. Il est même passé à la télévision de nombreuses fois pour le dire. D'ailleurs, Nicola et moi nous sommes excusés personnellement pour l'intrusion constante des médias dans sa vie.

Nous apprenons que Maxine Carr, la petite amie de Huntley, est interrogée, et que la police a l'intention de fouiller leur maison. Nous nous sentons trompés, trahis. Tout ça pour que nous assistions à leur conférence de presse. Je suis déçu.

Premièrement, il n'y a pas de bonnes nouvelles concernant Holly et Jessica. Deuxièmement, mon lien avec les agents est très abîmé. La police a été prise en défaut. D'ailleurs, ils s'en vont.

Trudie reste, bien sûr. Elle ne nous a pas menti, elle. Nicola et elle restent ensemble. Je file dans mon bureau passer quelques appels et voir comment nos amis avancent dans leurs recherches. Nous parlons du portraitiste, de l'interrogatoire de Ian Huntley.

Je réfléchis à tout ça. J'ai rencontré de nombreuses fois le gardien de l'école. Il s'est toujours bien comporté avec moi, et je lui fais plutôt confiance. Je soupçonne la police de suivre cette piste pour l'unique raison qu'il est la dernière personne a avoir vu les filles en vie. Huntley et Carr ne font qu'aider la police à obtenir des renseignements.

Une rumeur dit qu'une femme aurait vu les filles dans la nuit suivant leur disparition, apparemment près du restaurant *Saucy Megs*, à côté du monument aux morts de Soham. Même si personne d'autre n'a aperçu Holly et Jessica, la rumeur court depuis plusieurs jours.

Je repense à ce que nous avons dit – et à ce que nous n'avons pas dit – à Holly. Avons-nous mentionné la possibilité qu'une femme puisse aider un homme à enlever des enfants quand nous lui disions de ne pas suivre d'étrangers dans la rue ? Non, nous ne l'avons jamais mentionné. Nous étions vigilants, et lui avions appris à faire attention, mais jamais nous n'aurions imaginé que les enfants avaient besoin d'un manuel du « comment survivre » dans une ville comme Soham.

Il est 18 heures. Stewart et Chris sont revenus à la maison. Ils veulent que nous parlions. Ils savent qu'ils vont devoir regagner notre confiance, et rapidement. À force de discussion et d'excuses, nous rescellons le pacte.

Nous leur donnons la lettre que nous avons écrite à Holly. C'est eux qui la remettront aux journaux dimanche. Nous leur donnons aussi un de ses devoirs de classe et sa peluche Snoozums pour les photographes. Le service téléphonique qui aide aux recherches a aussi besoin d'une photo de Holly.

Oliver est resté enfermé toute la journée. Il demande s'il peut rester chez son ami Ryan pour dormir.

À Soham, on ne parle plus que de Huntley et de Carr. Rumeurs et pressentiments vont bon train. La presse le sent. Des journalistes essaient d'interviewer des membres éloignés de ma famille qui sont au pub local, le *Ship*. Nous n'aimons pas entendre les autres parler en notre nom.

Alors que les agents de liaison quittent la maison, je reçois un appel d'un ami très proche.

– *Kev, je sais où Huntley est interrogé, et ce n'est pas au poste de police.*

Il me donne le nom de l'hôtel et le numéro de la chambre. Il ajoute que si j'en ai besoin, il est disponible. Je suis épuisé, mais j'ai tout mon sang-froid, je suis très calme. Je réfléchis très vite.

Je peux mobiliser au moins trente hommes dans la demi-heure. Il ne doit pas y avoir plus d'une demi-douzaine de policiers sur place. Sous la menace, il me dira s'il est impliqué dans la disparition de Holly et de Jessica. Il me dira où sont les filles. Si Huntley est impliqué, condamné et donc emprisonné, c'est ma seule occasion de lui parler. La décision est prise. J'irai à l'hôtel.

Stewart et Chris reviennent. Bien que nous soyons officiellement réconciliés, je ne leur dis rien.

Nicola est terrifiée. Elle n'est pas d'accord. Les agents de liaison sont là et nous devons donc chuchoter dans notre chambre à coucher. Ma femme est en larmes et me supplie de changer d'avis. Je suis sûr d'avoir raison, mais je n'obtiens pas son consentement.

Tant pis, j'irai quand même. J'obtiendrai la vérité directement de la bouche de Huntley. Nicola sanglote :

– *Kev, si tu montes dans la voiture, j'appellerai la police et l'informerai de ton projet. Je suis désolée, mais je ne veux pas que tu partes.*

Ces dernières phrases me coupent dans mon élan. J'ai besoin de l'effet de surprise. L'opération est impossible si la police nous attend. Je suis furieux. Mais elle m'oblige à réfléchir. Mon besoin, en tant que père, d'aider ma fille annihile toute réflexion. Elle a raison. Nous sommes désespérés. Nous nous embrassons, pleurons.

Je ne peux pas me résoudre à l'inactivité. Selon la rumeur, Huntley était à Littleport chez son père au petit matin lundi, juste après la disparition des filles. Rob et moi y allons. Il y a des gens et des véhicules devant le pavillon.

Nous nous arrêtons à distance pour observer. Personne ne semble sortir de la maison. Nous nous rendons compte que nous n'avons aucune idée du physique du père de Huntley. Nous nous résignons à rentrer à Soham.

Samedi 17 août

7 heures du matin : comme tous les jours, c'est l'appel matinal des forces de police. Je réponds, un petit peu amer :

– *Oui, comme d'hab', vous ne serez pas là avant au moins quarante-cinq minutes...*

– *Arrête, Kevin,* me répond Chris au téléphone. *Nous sommes devant ta porte.*

Mon cœur lâche. Il s'est passé quelque chose, ils ne sont jamais arrivés si tôt. Pas le temps de s'habiller décemment, nous descendons en courant. L'escalier n'a jamais été aussi long.

Chris et Stewart nous attendent, les yeux vitreux et les traits tirés. Nous nous asseyons tous les quatre en silence.

– *Ce matin, on a placé en garde à vue Ian Huntley et Maxine Carr. On a trouvé les deux maillots de Manchester United.*

Silence encore. Que dire, que faire ? Je suis perplexe. Oui, c'est une nouvelle horrible, mais est-ce bien plus sûr que les alertes précédentes ? Les ravisseurs ont très bien pu changer les maillots, et puis où sont les filles ? Je crois malheureusement que la réponse n'est pas celle que j'attends.

Il nous faut prévenir nos familles respectives. Notre maison se remplit. Les premières réactions me fendent le cœur.

Je voudrais avoir plus d'informations : Andy Hebb a lu une déclaration à la presse, dans laquelle il justifie seulement la garde à vue par la « découverte d'une preuve significative ». Mais la télé nous donne malgré tout quelques nouveaux éléments : nous voyons à l'écran la maison du père de Huntley, à Littleport. La police y effectue une perquisition ; il est peut-être impliqué, lui aussi.

Malgré notre pluie de questions, Chris et Stewart ne peuvent pas nous répondre de façon convaincante.

Nous avons surtout besoin de calme. Seul moyen d'y parvenir : quitter la maison. Chris nous emmène faire un tour en voiture, vers Littleport. C'est le chemin que Huntley a dû prendre, s'arrêtant régulièrement pour trouver un endroit où se débarrasser des deux corps.

Pas facile de faire face à la réalité. Nicola brise le silence en disant tout haut ce que nous pensons tout bas :

– *Nous savons bien au fond de nous que les filles sont mortes. Ce dont nous avons besoin maintenant, c'est d'en être certains et de les retrouver.*

À Littleport, les médias sont partout. Nous ne voulons pas être photographiés, et nous n'avons pas d'autre choix que de faire demi-tour vers Soham. Pour nous renseigner, il ne nous reste plus que la télé.

La matinée est longue, mais à 13 h 20 Chris reçoit un nouveau coup de téléphone, et il ne répond pas devant nous. Il quitte la pièce. Mon cœur bat à tout rompre. Je peux le voir dans le jardin : il écoute plus qu'il ne parle, et son attitude change au fur et à mesure.

Il revient dans la salle à manger, et nous demande de nous asseoir.

– *Voilà,* dit-il, *deux corps ont été retrouvés dans le Suffolk.*

J'échange un regard avec ma femme, je n'ai jamais vu autant d'émotion dans son regard, elle fond en larmes. Je ne peux pas me retenir moi-même.

Je ne suis pas capable de l'annoncer à la famille, et je laisse faire les agents de liaison. C'est un moment terrible pour tout le monde.

Après quelques instants, une fois passé l'état de choc, les questions se bousculent dans la tête.

Est-ce que ce sont deux corps féminins ?
Est-ce que les deux corps sont bien ceux des filles ?
Où sont-elles exactement dans le Suffolk ?
Est-ce que la police fait exprès de nous cacher des informations ?
Nous en veut-elle toujours pour le faux pas de mon frère ?
Les corps sont-ils habillés ?

Depuis combien de temps sont-ils là-bas ?
L'un des corps retrouvés a-t-il les cheveux blonds ?

Il doit sûrement y avoir quelqu'un capable de nous dire si ce sont des corps d'enfants. Mais Stewart et Chris sont incapables de me répondre.

Dimanche 18 août

La pression liée aux recherches est descendue d'un seul coup, et ça fait un grand vide. J'ai besoin de mettre mes idées au clair, je m'enferme dans mon bureau et j'écris :

Pourquoi a-t-on tué Holly ?
Pourquoi a-t-on tué Jessica ?
Qu'est-ce qui pousse à tuer deux fillettes ensemble ?
Où ont-elles été tuées ?
Comment ont-elles été tuées ?
Laquelle est morte la première ?
Quand pourrons-nous enterrer Holly ?
Y a-t-il eu attouchement sexuel avant la mort ?
La dernière à vivre a-t-elle vu son amie mourir ?
Quel genre de personne peut tuer un enfant, voire deux ?
Comment une femme peut-elle être impliquée dans le meurtre de deux enfants ?
Je connais Ian Huntley. Nicola connaît Maxine Carr. Ils ne sont pas d'ici, et on m'avait déjà fait part d'inquiétudes au sujet du gardien. J'ai rencontré Ian Huntley trois fois ces quinze derniers jours. Il était dans son

bureau à 4 h 30, quelques heures après la disparition de Holly. Était-elle alors encore vivante ?
M'aurait-il menti sur la raison pour laquelle il se trouvait dans son bureau ?
A-t-il menti quand il a dit que la police avait déjà fouillé sa maison ?
La police cherche-t-elle encore quelqu'un d'autre ?
Qu'en est-il de l'interrogatoire ?
Dans quel poste de police sont-ils détenus, lui et Maxine Carr ?
Combien de temps prendront les tests des médecins légistes ?
Y a-t-il un lien évident entre les filles et Ian Huntley ?
La fouille du 5 College Close, sa maison, est-elle terminée ?
Y a-t-il des preuves que les filles se soient rendues dans cette maison ?

Si le père est responsable lui aussi, cela amènerait le nombre de kidnappeurs à trois, ce qui correspondrait aux visions de Dennis Mackenzie.

Je reprends les observations de Dennis en détail :

Ian Huntley et Maxine Carr ont un accent du Nord. Lui est brun, et c'est vrai qu'elle ressemble à une souris.

Leur voiture est bien une Ford Fiesta rouge, et il y a la lettre J sur la plaque minéralogique.

Le 5 College Close est à côté d'un cours d'eau avec des canards. Il y a bien un C et un O dans l'adresse. Deux C et deux O, en fait.

Derrière la maison, cachés par des arbres, il y a plusieurs silos à grains en métal, comme un moulin à vent sans les ailes.

Les filles ont effectivement été trouvées loin de Soham, et la route mal tracée dont il a parlé correspond au chemin vers Wangford, dans le coin du Suffolk où les corps ont été trouvés. Je me suis souvent trouvé près de chez l'assassin au cours de mes recherches.

C'est exactement ce qu'il avait prédit.

Il reste bien sûr dans ses prédictions quelques éléments qui ne collent pas. Par exemple, que les filles aient été emballées dans quelque chose, mais je n'ai pas assez d'informations pour le prouver ou pour le réfuter.

Je ne vois pas non plus à quoi ferait référence le nom de Prickwillow.

Enfin, concernant le fameux numéro 18, je n'ai pas réussi à le trouver, alors que je connais bien le secteur.

En ce qui concerne les observations de Ron Moulding, lui aussi avait donné des descriptions précises de Huntley et de Carr. Le Suffolk est bien à l'est de Soham. Et puis au sujet de la « maison du gardien » qu'il avait du mal à visualiser, je vois bien maintenant qu'il avait raison.

Voyons maintenant les observations des autres médiums, même si elles recoupent souvent celles de Dennis et de Ron. Ils ont parlé d'une route dont le nom commence par un C, en très mauvais état. Or le nom exact de l'endroit où ont été laissés les corps est « le Carr ».

Conformément à ce qui a été prédit, les filles ont été retrouvées par hasard : c'est le garde-chasse qui a remarqué une odeur étrange.

Il y avait aussi le problème des trois villages commençant par M, B, et W. C'était Mildenhall, Brandon et Wangford, et d'ailleurs Brandon est bien le plus grand des trois.

Malgré tout, il n'y a pas dans cette affaire de nom comme Muggsy, Muttley ou Muggly.

Pas de lien non plus avec un quelconque restaurant italien : bien qu'il y en ait un à Soham et qu'il soit dans le périmètre de promenade de Holly, rien ne confirme que Huntley y ait été vu.

Enfin, l'homme était censé habiter avec sa mère, une femme aux cheveux gris.

C'est la première fois que j'analyse ainsi ces prédictions qui datent de presque deux semaines. Je n'en reviens pas. Je ne sais pas quelle influence cela aura sur ma spiritualité à l'avenir.

Ce dont je suis sûr, c'est que, grâce aux médiums, j'avais assez d'informations pour identifier Huntley. Pourquoi ne suis-je pas allé au bout du raisonnement ? S'il s'avère que Holly et Jessica ont été tuées après que j'ai reçu ces informations, comment pourrai-je me le pardonner ?

Avec Nicola, nous regardons la messe à la télé. L'orage éclate au-dessus de Soham, ça devient dramatique. Les bruits secs du tonnerre interrompent la retransmission, qui est coupée avant la fin.

Il n'y a qu'Oliver que le tonnerre semble ne pas troubler. Il dort. Il m'a rappelé dans la journée qu'il savait que Holly serait trouvée dans un fossé quelque part. Je ne crois pas qu'elle ait été tuée là-bas, donc même s'il avait raison, il n'aurait rien pu faire. Nous espérons que cela l'apaisera un peu.

Mon fils est à quelques mois de son treizième anniversaire. Quel impact tout cela aura-t-il sur lui ? Une fois de plus, je ne peux pas faire grand-chose.

Avec Nicola, nous ne savons plus quoi nous dire. C'est dur de la voir si triste : mieux vaut agir. Il nous faut faire le point avec notre entourage, la maison ne va pas désemplir aujourd'hui.

La police va sans doute faire une déclaration officielle, mais nos amis ont bien le droit d'apprendre la vérité de notre bouche plutôt que par la télé. Nous faisons de notre mieux pour paraître forts, ce n'est pas la peine d'en rajouter en se laissant aller. Nous demanderons simplement à tout le monde de partir si nous ne parvenons plus à contrôler la situation.

Chris est en ville pour obtenir les antécédents médicaux de Holly. Comme il n'existe aucun rapport dentaire, nous lui avons donné une photo de la petite sur laquelle on voit bien l'alignement de ses dents, en espérant que cela suffise à l'identification.

Il faut croire que nous n'avons pas traversé suffisamment d'épreuves ces jours derniers : la police vient nous parler de l'autopsie. Il y a des choses qu'il faut que nous sachions, disent-ils.

Ce qui reste de Holly n'est plus reconnaissable. Il n'y a plus que très peu de chair, même pas une main à serrer pour lui dire au revoir. Son corps, qui porte des traces de brûlures, est infesté par les larves, et dégage une horrible odeur de pourriture. Est-ce que nous, les parents, nous avons envie que ce soit là notre dernier souvenir de notre fille ?

C'est un déchirement, mais c'est vrai, il vaut peut-être mieux que nous n'y allions pas. Trudie ira de notre part lui apporter un cadeau d'adieu, elle pourra nous faire un compte-rendu honnête et détaillé. Je ne sais pas si c'était la meilleure décision, de ne pas rendre notre dernier hommage à Holly. Ça me hante encore souvent.

Il y a un communiqué officiel de la police à la presse pendant l'après-midi : même s'il n'y a aucune identification formelle, la police est certaine qu'il s'agit des filles. Personne ne nous demande ce que nous en pensons. On aurait bien aimé être prévenus avant les médias :

Cela fait exactement deux semaines que Holly Wells et Jessica Chapman ont disparu. Une enquête d'envergure a été ouverte pour les retrouver. C'est avec une grande tristesse que je dois vous annoncer ce qui suit.

Il se passera peut-être quelques jours avant que nous puissions identifier formellement les deux corps trouvés hier sur la route, près de Lakenheath dans le Suffolk. Cependant, nous sommes certains qu'il s'agit bien des corps de Holly et de Jessica.

Les familles ont reçu ces terribles nouvelles. Avant d'ajouter quoi que ce soit, je suggère que nous marquions une minute de silence à leur mémoire et par respect pour leurs familles et leurs amis.

La disparition de Holly et de Jessica a été annoncée le dimanche 4 août au soir, et depuis cet instant des efforts colossaux ont été déployés pour les retrouver. Nous avons tous voulu croire que les filles seraient retrouvées saines et sauves. Nos sentiments les plus sincères vont aux parents et au frère de Holly, ainsi qu'aux parents et aux sœurs de Jessica dans ces terribles instants.

Des centaines d'officiers de police, soutenus par les civils et des experts, ont travaillé infatigablement pour rechercher les filles. Le chagrin se fait maintenant intensément sentir. Les familles de Holly et de Jessica continuent à être soutenues dans ces instants de tristesse par leurs officiers de liaison. Ce soutien continuera dans les jours, les semaines et les mois à venir.

Un homme et une femme sont en état d'arrestation pour ces meurtres. L'homme est aussi en état d'arrestation pour enlèvement. Ils sont placés en garde à vue ce soir et passeront une autre nuit dans des postes de police séparés du comté de Cambridge. Parce que les procédés légaux sont en cours, je ne peux pas en dire plus à ce stade.

Commence à présent le temps du recueillement. Pour respecter le chagrin des familles, je demande qu'on ne viole pas leur intimité.

Les familles m'ont demandé de vous lire ces quelques mots. Déclaration de Sharon et Les Chapman :

Nous aimerions tous vous remercier pour la bienveillance et le soutien témoignés en ces moments traumatisants, surtout notre famille, nos amis ainsi que nos agents de liaison. Bien que nous appréciions votre assistance en ces temps très éprouvants, nous aimerions retrouver un peu d'intimité et vous demandons de nous laisser quelque temps seuls.

Déclaration de Nicola et Kevin Wells :

Bien que meurtris par le deuil de notre fille Holly, veuillez tous accepter nos plus sincères remerciements pour nous avoir aidés à traverser ces quinze derniers jours si traumatisants.

La police reprend :

La vie des gens de Soham a été bouleversée par la présence de la presse ces quinze derniers jours. Vous avez tous joué un rôle très important dans les recherches, et nous vous en remercions.

Mais peut-être maintenant pouvons-nous considérer qu'il est approprié pour tous les représentants de la presse de se retirer de cette communauté, afin de lui permettre de dépasser cette terrible perte.

Merci.

Lundi 19 août

Nous nous levons très tôt, personne n'a réussi à dormir.

Trudie nous raconte sa visite à la morgue. Maigre consolation : le corps n'a pas été brûlé autant que nous le craignions. Il restait tellement peu de chair que le feu n'a pas bien pris [1].

Le collier de Holly reste reconnaissable, il y avait le mot « love » dessus. Il y a aussi quelques cheveux qui peuvent aider à son identification. C'est tout ce qui nous reste de notre fille, et Nicola demande à les récupérer.

Nous pourrons la voir à la chapelle de l'hôpital, dans quelques jours. On aurait pu utiliser son parfum préféré pour préparer son lit de repos. C'est une délicate idée de Chris, mais Holly empruntait tout à sa mère... On ne le fera donc pas.

1. Si les examens des légistes ont prouvé que les corps ont été brûlés, on ignore encore aujourd'hui quand et dans quelles circonstances cela est arrivé.

Ironie du sort encore, c'est moi qui ai des informations pour Chris, et non l'inverse. Ma cousine Tina, qui habite dans le Suffolk, a téléphoné : elle a vu Ian Huntley rendre visite à sa grand-mère mercredi dernier dans l'après-midi. Selon sa femme de ménage, il a eu un comportement étrange. En d'autres termes, il a été vu sur la scène du crime.

Cela nous semble crucial, mais Chris ne réagit pas. Il est dans un état d'épuisement que je ne soupçonnais pas et se contente de prélever sur nous un peu d'ADN, pour l'identification formelle de Holly.

Nous discutons pendant le reste de la soirée de la visite de Huntley à sa grand-mère avec nos amis. Ils ont tous des questions, je ne peux pas leur répondre : ça me donne un bon aperçu de ce que mes agents de liaison endurent.

Je vais aider à traîner ceux qui ont tué ma fille devant la justice, je m'accroche à cette idée.

Il va falloir que je pense à retourner travailler.

Mardi 20 août

Huntley devait passer devant la cour de justice demain, mais ça aurait été trop beau : très tôt ce matin, nous avons appris qu'il n'était pas en état d'être interrogé.

En raison de la loi de 1983 sur la santé mentale, il a été admis à l'hôpital psychiatrique de Rampton pour un examen complet. Or tant que cet examen ne sera pas terminé, il ne passera pas devant la justice. Cela ne devrait durer « que » vingt-huit jours, mais il est déjà arrivé que cela dure six mois, voire un an.

Attendre un mois, peut-être plus, avant que Huntley ne soit interrogé !

Après nos aventures avec la police, les problèmes commencent donc avec la justice : le système se fout des droits des victimes ou de leurs familles.

Chris tente de nous calmer. Selon lui, Huntley peut très bien simuler la démence, et comme il est surveillé vingt-quatre heures sur vingt-quatre, il sera certainement découvert.

De « bonnes nouvelles » malgré tout : quoi qu'il arrive, Huntley sera inculpé aujourd'hui pour les meurtres de Holly et de Jessica. Je soupçonne Chris d'avoir délibérément conservé cette information pour nous faire passer la pilule.

Étant donné que Maxine Carr a seulement été accusée d'entrave à la justice, Huntley est soupçonné d'être seul coupable. Mais comment serait-ce possible ? Holly et Jessica ne connaissaient que Carr, qui était l'assistante de leur professeurs [1], et pas le gardien : s'il avait été seul, elles ne l'auraient pas suivi. Il a forcément eu besoin de son aide : comment tuer l'une sans que l'autre ne prenne la fuite ? Selon la rumeur, Carr était bien à Soham le jour de l'enlèvement.

David Beck vient nous rendre visite. Un officier de son équipe s'appelle Holly, j'ai un serrement au cœur en l'entendant. Condoléances – apparemment sincères. Nous le remercions pour ses efforts dans l'enquête. Quelqu'un me dit au départ de l'équipe que le nom de l'officier n'est pas Holly mais Polly. La police n'aurait pas fait entrer chez nous quelqu'un portant le prénom de notre fille. J'ai dû mal entendre, et la réunion s'achève sur cette note étrange.

Chris soulève un autre sujet préoccupant : voulons-nous voir le site où ont été retrouvés les corps, avant

1. Maxine Carr était « classroom assistant » : bien que n'ayant aucune qualification professionnelle elle-même, elle assistait les enseignants. C'est pourquoi les enfants la connaissaient et lui faisaient confiance.

que la presse y ait accès ? Il lui faut une réponse urgente pour faire face à la pression des médias.

Ce serait une bonne chose d'y aller et de déposer des fleurs en signe de respect, mais l'idée même de voir cet endroit nous terrorise. Cela nous semble malgré tout nécessaire pour pouvoir faire notre deuil en paix. Oliver, à qui nous proposons de nous accompagner, nous oppose un refus catégorique.

Nos amis et notre famille croulent sous les condoléances. Des fleurs sont amoncelées dans le jardin de l'église. Les jouets s'accumulent dans la sacristie. Le pasteur, Tim Alban Jones, a organisé un lieu de recueillement, avec un livre d'or, où il est possible de faire brûler des cierges pour Holly et Jessica. La foule laisse aussi des cadeaux devant le monument aux morts, devant le portique de l'école. La télévision diffuse des images de personnes venues déposer des fleurs à l'entrée du chemin. C'est très touchant, nous avons besoin de toutes ces manifestations de soutien.

Avant que nos agents de liaison nous quittent, il nous reste beaucoup de détails à régler.

Avons-nous envie de rencontrer le médecin légiste en personne ? Non.

Accepterons-nous des fleurs des personnes ayant mené cette enquête, et de Manchester United ? Oui.

Pouvons-nous contacter Manchester United au sujet d'une minute de silence avant leur match de vendredi à Chelsea ? Oui.

Beaucoup d'objets nous ont été envoyés par la poste. Voulons-nous ouvrir une boîte postale ? Non.

Souhaitons-nous que ces objets soient livrés tout de suite ? Oui.

Que pensons-nous d'une messe télévisée à la cathédrale St-Paul à Londres ? La messe et le service funéraire concernent la famille, nos amis, la communauté, et doivent donc se dérouler à Soham.

Bien que nous ne sachions pas quand le corps de Holly nous reviendra, que comptons-nous faire pour ses funérailles ? Notre fille sera enterrée à Soham, la ville qui l'a vue naître et qui l'a vue mourir.

Malgré tout, c'est une bonne chose d'avoir tous ces détails à régler maintenant. Ne penser qu'à la mort de notre fille aurait été insurmontable.

Mercredi 21 août

Nouvelle nuit sans sommeil. Pour m'occuper, j'essaie d'écrire un poème pour ma fille. C'est ce matin que nous devons nous rendre sur la scène de crime.

Nos agents de liaison et les parents de Nicola viennent avec nous. En approchant du site, je m'aperçois que c'est là que mon grand-père, mon frère et moi allions observer les avions de la base américaine quand j'étais petit. L'endroit était associé à un souvenir heureux.

La route est typique des routes locales peu utilisées : béton, gravats, boue. Par endroits, la boue est même si épaisse qu'elle en gêne la marche.

Russel Wait, l'officier qui nous accompagne, est impeccablement habillé, costume et chaussures vernies, en signe de respect. Dans un tel marécage, c'est un petit geste que nous apprécions beaucoup.

On nous dirige vers l'endroit où les corps ont été retrouvés, un peu plus bas dans le fossé. Bien que la zone ait été nettoyée, il y a toujours des traces de feu. On nous murmure la position qu'avaient les corps, comment le bras de Holly était placé autour de Jessica. C'est cohérent, Holly était si douce.

Pas nécessaire d'observer ce fossé trop longtemps, l'émotion est trop forte. Nous déposons deux bouquets de fleurs, puis restons là, silencieux.

Un bâtard a jeté ma fille dans un fossé, comme s'il s'agissait d'ordures. Je me fais une promesse : cette personne ne nous volera plus rien. Il est temps maintenant de rester droit pour Nicola, pour Oliver et pour tous les nôtres, qui souffrent de l'absence de Holly. Nous ne nous effondrerons pas.

La scène de crime est éloignée des sentiers battus, ce qui, je pense, implique que seul quelqu'un résidant dans les environs pouvait connaître cet endroit. Ensuite, quiconque a mis les filles dans ce fossé a certainement pensé qu'elles emporteraient leur secret avec elle. Troisièmement, les filles n'ont pas été tuées ici même. Enfin, je sais que Ian Huntley se rend souvent dans ce coin. Plus le temps passe, et plus je suis convaincu que la police ne s'est pas trompée : c'est bien lui le coupable.

Nous rentrons, toujours silencieux. C'est seulement à ce moment-là que je m'aperçois que nous ne sommes qu'à un virage du village de Prickwillow, le village mentionné par Dennis. Huntley a dû passer par là en cherchant un chemin discret vers Wangford, loin de toutes les lumières de la ville et surtout des caméras de surveillance.

Cet après-midi, nous devons rencontrer le pasteur, Tim Alban Jones, pour discuter des détails de la cérémonie. Il est chaleureux avec nous et avec les Chapman. Le premier point concerne le titre à donner à la cérémonie, la formulation compte beaucoup, et « célébration » nous semble plus approprié que « commémoration ».

Tim a une idée précise de la tournure que doit prendre la cérémonie, ses suggestions sont fermes, mais il est attentif à nos remarques. Cela aura lieu le vendredi 30 août dans la cathédrale d'Ely, qui peut accueillir deux mille personnes, c'est-à-dire beaucoup plus que l'église St-Andrew.

Cependant le protocole veut que, dans la cathédrale, ce soit l'évêque qui lise le sermon. Pour nous, ce rôle revient évidemment à Tim, et il nous promet de s'entretenir à ce sujet avec son supérieur, qui accèdera sûrement à sa requête.

Nous voulons intégrer deux poèmes dans le programme, un pour chacune des filles. Quant à moi, je voudrais qu'un musicien vienne jouer de la cornemuse, en référence aux origines écossaises de ma famille.

À notre retour chez nous, nos agents de liaison nous rappellent notre visite de dimanche à la chapelle où repose Holly. Cela sera la dernière fois que nous pourrons la voir.

Il nous faut réfléchir aux objets que nous voulons emporter. Nous allons lui donner une lettre de la part de ses parents, une autre de la part de son frère, quelques photos de famille, quelques photos de ses amis, sa boîte rose pour y déposer les photos, une écharpe de Manchester United, et puis l'une de ses peluches.

Ma femme et moi avons déjà parlé, au cours de nos nuit d'insomnie, de ce moment terrible : nous savons déjà que nous serons incapables de le supporter, nous ne serons certainement même pas capables de voir notre fille physiquement.

Nous demandons à nos amis et aux membres de nos familles de nous laisser : nous voulons passer du temps avec Oliver pour lui parler de cette dernière visite à sa sœur.

Je veux aussi parler à Nicola de la promesse silencieuse que je me suis faite plus tôt aujourd'hui. Je lui promets de me charger de tout jusqu'aux funérailles.

Jeudi 22 août

Nous avons passé la journée à ouvrir le courrier qui est arrivé ces derniers jours. Il y en a une quantité astronomique, au moins quinze mille lettres, c'est toute une organisation. Il faut fonctionner en équipes, et nous avons sollicité nos amis pour répartir les tâches. Pour certains les cartes, pour d'autres les lettres. Puis le courrier est trié en fonction de son origine locale, nationale, pays étrangers.

Il y a aussi les cadeaux, bougies, CD, cadres de photos, peluches, dessins, tableaux, bouquets. Mais le plus touchant, ce sont des lettres : même les facteurs sont émus. Des milliers d'inconnus ont pris la plume pour essayer d'apporter un peu de réconfort à une famille qu'ils n'ont jamais rencontrée.

C'est bizarre le genre humain. Il y en a qui sont capables de tuer des enfants, et d'autres qui font preuve de compassion...

Reste que le courrier concernant mon entreprise arrive toujours chez moi et qu'il est noyé sous les piles d'enveloppes dans mon salon. Scott, mon associé, insiste pour que je retrouve les chèques en retard perdus dans la masse, et je ne peux que le comprendre.

Tim Alban Jones reçoit lui aussi un important courrier, qu'il fait suivre aux familles, à ses propres frais. Il représente l'église et la communauté de Soham vis-à-vis de la presse.

Ce soir, il y a eu des événements étranges à la maison. La télévision s'est éteinte brusquement et, après quelques secondes, s'est mise à nouveau sous tension. Trois ampoules, chacune dans une pièce différente, ont claqué, l'une après l'autre.

Est-ce que ce serait Holly qui signalerait, électriquement, sa présence ? Je ne crois pas au surnaturel, je l'ai déjà dit. Mais depuis ces derniers jours, mes convictions ont été quelque peu ébranlées.

Vendredi 23 août

4 h 30 du matin. J'ai terminé mon poème pour Holly :

Ton droit à jouer, à grandir, à devenir une femme,
T'a été cruellement retiré, d'une façon sinistre.
Attentive, aimante, une lumière pour tes parents,
Mais si petite... Tu avais besoin de réconfort la nuit
[tombant.

Le jardin est silencieux, la maison aussi
Après un moment, on peut sentir ta présence.
Ta nature confiante et ton amour
Nous rappellent, à nous ta famille, ta grandeur d'âme.

Nos souvenirs maintenant partagés par la nation
Ne sont que miettes de réconfort ; il faut te laisser
[maintenant.
Nous ne t'oublierons jamais. Le paradis a gagné en
[t'accueillant
C'est simplement toi, Holly, notre belle rose de Soham.

Je sais bien que ce n'est pas du grand art, n'empêche, j'en suis assez fier. Je me faufile au premier étage pour réveiller Nicola :

– *Le poème est terminé, je peux te le lire ?*

Mais malgré la promesse que je me suis faite, rien qu'en lisant le titre, *La Rose de Soham*, l'émotion m'envahit. Je ne peux que pleurer et lui tendre le poème. Elle y jette un coup d'œil, et se met à pleurer avec moi. Je m'entraînerai, pour pouvoir faire honneur à Holly quand je lirai le poème lors de la cérémonie.

Quoi d'autre aujourd'hui ?

Nous n'aurons pas de nouvelles informations sur l'avancée de l'enquête car nous sommes à présent considérés comme des témoins potentiels[1].

Les experts et les légistes ont terminé leur travail sur les corps. Un certificat temporaire de décès va pouvoir être émis, mais les termes employés resteront vagues. Les zones d'ombre sont encore nombreuses. On ne sait encore ni où ni quand le décès a eu lieu.

En comparaison avec cela, tous les événements du jour ont une importance secondaire.

On nous propose par exemple d'assister à un match à Old Trafford. Nous n'étions pas très motivés, mais comme Oliver s'en faisait une joie, nous avons accepté de l'accompagner.

1. Dans le procès pénal anglais, la partie civile n'existe pas. Le procès qui va avoir lieu opposera Huntley et Carr à la Reine, représentée par le ministère public. Les Wells et les Chapman seront donc considérés comme de simples témoins.

Un journal nous a gentiment proposé de nommer un nouveau spécimen de rose « Rose de Soham » en hommage à Holly et à Jessica. Mais comme c'est le nom que j'ai donné au poème, et que j'ai peur qu'on l'interprète mal, j'ai refusé. Ce journal a d'ailleurs aussi fait un don au Centre de protection de l'enfance d'Alconbury. Ils ont demandé notre approbation, même s'ils n'en ont pas besoin, mais aujourd'hui nous sommes devenus, comment dire, symboliques. Nos noms peuvent être utilisés par différentes associations pour demander de l'argent, et nous n'avons aucun moyen de savoir ce qu'il advient vraiment de ces sommes, ce qui est un peu inquiétant.

L'organisation de la cérémonie m'a beaucoup contrarié : quel besoin de distribuer les places dans je ne sais quelle logique politique à la presse, aux forces de police, et même au conseil municipal ?

Ma famille et la communauté de Soham, qui veulent simplement venir témoigner leur respect, n'auront, eux, pas suffisamment de place. Le calcul n'est pas difficile à faire : nous en aurons à peine trois cents sur les six cents qui nous seraient nécessaires, alors que neuf cent quatre-vingts ont été allouées aux officiels. Ce genre de choses me met en rage.

Tous ces différents problèmes réglés, une fois de retour à la maison, nous nous attaquons de nouveau au courrier. Certes, la plupart des plis que nous recevons sont vraiment adorables : nous avons reçu plusieurs centaines de fois le poème anglais *Footsteps*, dans toutes les calligraphies, toutes les présentations possibles ; des dizaines d'exemplaires de la Bible et du Coran. Mais il y a malgré tout des gens assez petits pour nous envoyer des missives plus qu'hostiles.

Un salaud m'a envoyé dix longues pages sur la pédophilie, avec des accusations insoutenables. Non seulement concernant ma fille, Jessica, mais aussi les petites Millie Dowler et Sarah Payne. Le type me promet sous peu le châtiment que je mérite.

Dans une autre lettre, une personne qui s'est bien gardée de signer estime que Nicola et moi n'avons fait que trouver ce que nous cherchions en permettant à Holly de jouer dehors un soir de sabbat [1]. J'ai beau être souvent confronté à la cruauté humaine, ces derniers temps, rien à faire, je ne m'y habitue pas.

Il y a encore d'autres sortes de lettres. Souvent les gens prennent le prétexte de notre histoire pour nous raconter la leur – horrible, elle aussi. Et il nous faut supporter leurs propres récits, alors que nous-mêmes sommes en ce moment plutôt fragiles.

Et encore, quand ce n'est que par courrier, ça va. Tout le monde connaît notre numéro de téléphone, puisqu'il figure sur toutes les publicités concernant mon entreprise. Nous ne pouvons pas en changer comme les Chapman. Nous avons donc reçu des appels de personnes en larmes, que nous devions réconforter. Il y en a même qui sont devenues accros : deux vieilles dames nous ont harcelés, et nous n'avons pas pu faire autre chose que d'alerter la police.

Ça aurait été sympa de la part des enquêteurs de nous prévenir que ce genre de choses risquait d'arriver, dans les premiers jours.

1. Pour les protestants écossais, le jour de sabbat est le dimanche.

Au journal télévisé de ce soir, nous suivons la minute de silence du match entre Chelsea et Manchester United. Tous les joueurs inclinent la tête, ils portent aux bras des bandeaux noirs. Beckham a dédié son premier but à ma fille et à Jessica.

Samedi 24 août

Nous devons toujours écrire notre lettre d'au revoir à Holly.

Notre dernière visite à Holly est prévue pour demain... Nous ne pouvons donc plus reculer. Nous devons écrire cette lettre. C'est trop difficile. Nicola veut mettre Snoozums dans le cercueil de Holly. Je suis contre. C'est son jouet préféré. Il est encore imprégné de son odeur. J'aimerais le garder près de moi. Nicola me dit que Holly ne dormait jamais sans Snoozums. Il doit donc être avec elle. Nicola a raison, et je me range, plein d'émotion, à cet argument.

Nous recevons une lettre pour Holly de sa baby-sitter, Donna Feibig. À sa lecture, nous craquons et fondons en larmes. Holly considérait Donna comme sa « grande sœur ». Ce qu'elle dit de notre fille est très touchant et très juste.

Les faire-part pour la célébration de la semaine prochaine à la cathédrale d'Ely sont imprimés. Ils sont classés selon un système de code-couleurs pour le placement des invités dans l'église. Nicola s'assure que nos agents de liaison soient assis à nos côtés (couleur lilas). Soham est devenue une destination touristique. Des dizaines de gerbes de fleurs sont déposées dans la cour de l'église. Nicola et moi décidons d'aller à pied jusqu'à l'église, même si nous risquons de buter sur les journalistes et sur la foule de badauds.

Les matches de début de saison observeront une minute de silence. Joueurs et supporters se tiendront debout sans bruit. Ce sera un bel hommage pour Holly et Jessica.

Nous avons reçu des hommages de la part des amis de Holly, de sa famille, des majorettes Brownies. Nous espérons pouvoir les retrouver parmi les quinze mille gerbes de fleurs. Nous cherchons aussi celle envoyée par la station de radio locale : des roses assemblées en forme de cœur.

Nous voulons sortir et remontons Sand Street. Nous ne croisons personne. Ça fait une semaine que l'on a retrouvé le corps de Holly. Nous voyons bien que les passants essaient de nous éviter, ils regardent ailleurs ou se ruent dans la première boutique. Nous ne nous attendions pas à être évités ainsi par nos propres voisins.

La cour de l'église est pleine. Une foule compacte est rassemblée. Il y a des fleurs et des hommages partout. L'énorme gerbe en cœur de la station de radio est dressée le long du mur de la Lady Chapel. C'est très impressionnant.

Alors que nous pénétrons dans cet océan de fleurs, nous tombons sur les mots des amis de Holly. En lisant ces messages, j'entends leur voix d'enfant. Timidement, certains s'approchent, font un geste, une accolade. Ces attentions deviennent un peu étouffantes.

À la maison, le courrier s'accumule. Il faut le trier. J'ai perdu les faire-part des agents ou les ai confiés à d'autres. Je ne sais plus. Nicola est furieuse.

Tard dans la soirée, alors que tout le monde est parti, nous nous mettons, ou plutôt nous nous remettons, à l'écriture de notre lettre d'adieu. Dès les premiers mots, *Chère Holly*, nous fondons en larmes. Oliver s'en sort beaucoup mieux que nous. Il écrit sa lettre à Holly avant de se coucher. Il ne nous dit pas ce qu'il a écrit. Nous respectons son choix.

Nous refaisons une tentative d'écriture. Nous terminons quatre heures plus tard. Dans notre lettre, nous nous excusons auprès de Holly de ne pas avoir été à la hauteur. Nous aurions dû mieux la guider, la mettre en garde davantage contre les dangers. Nous lui demandons pardon.

Dimanche 25 août

Ce matin, les médias doutent que Huntley et Carr aient un procès équitable, à cause de tous les détails de leur vie privée qui ont été divulgués dans les journaux. Cela m'énerverait beaucoup qu'ils ne passent pas devant la justice.

Hier, des commémorations pour Holly et Jessica ont eu lieu du nord au sud du pays. Des minutes de silence ont été observées au cours de la plupart des matches de football, à Newmarket, aux courses de Worcester et sur le green de Gleaneagles. Le *Sunday Telegraph* publie une photo en première page des Rangers Soham Town, les mains jointes pour deux minutes de silence. Des supermarchés et des centres commerciaux s'organisent pour que leur minute de silence coïncide avec le coup d'envoi des matches du jour.

La police a dévoilé à la presse qu'elle détient les vêtements des petites. Ce n'est pas nouveau pour nous, puisque nous gardons ce secret depuis une semaine. J'espère que nous avons prouvé aux forces de l'ordre que nous étions dignes de confiance.

C'est aujourd'hui que nous devons aller voir Holly dans la chapelle où elle repose. La police a mis en place un système de mots de passe pour interdire l'accès aux journalistes.

Nous nous plaçons autour du cercueil. Nous voici en famille, tous les quatre, une dernière fois. La naissance d'un enfant, c'est un moment heureux ; aucun parent ne s'attend à se trouver un jour devant un cercueil comme celui-là, jamais.

Nous lui donnons les objets que nous lui avons apportés en les plaçant sur la couverture. Nous espérons que, où qu'elle soit, cela l'atteindra. Nous murmurons un dernier adieu.

Retour à la maison. J'ai une lettre de Kevin Proctor, directeur général de l'entreprise White Dove. Il propose un lâcher de colombes pendant le service commémoratif de vendredi prochain. C'est une idée géniale, et c'est vraiment gentil de sa part, mais toute l'organisation de la cérémonie est déjà bouclée, malheureusement. Peut-être que l'on peut garder l'idée pour la rentrée à l'école, cela pourrait aider les enfants. Pour eux aussi tout cela est une épreuve.

Lundi 26 août

Chris et Trudie ont emmené mon frère sur le site où l'on a retrouvé les corps des filles. Le but est de lui montrer qu'il n'a pas à s'en vouloir de ne pas les avoir trouvés lui-même : le lieu est tellement reculé que même le meilleur des enquêteurs pouvait passer à côté.

Fin de l'ouverture du courrier ce matin. Il en vient de partout. D'Angleterre bien sûr, mais aussi d'Australie, des États-Unis, de France, d'Espagne, et de Nouvelle-Zélande. Nous mettons de côté environ deux cents lettres, particulièrement touchantes, auxquelles nous essaierons de répondre plus tard.

Dans un autre paquet, nous avons conservé celles qui émanent de célébrités. Il y en a un certain nombre, dont par exemple une lettre de la présidente irlandaise.

Mardi 27 août

C'est aujourd'hui que nous allons voir le match de Manchester United à Old Trafford.

Oliver est dans un état d'excitation rare. Ça nous met mal à l'aise, ma femme et moi, de sortir dans des circonstances pareilles. Notre entourage sait bien que nous faisons cela pour notre fils, mais ça nous étonnerait fort que les autres comprennent. Nous serons installés dans la tribune réservée au patron du club, qui nous l'a laissée pour nous montrer son soutien après le décès de Holly. Je ne pense pas que l'un d'entre nous soit assez fort pour supporter un commentaire déplacé.

Sur le trajet, on nous téléphone pour nous demander si nous voulons bien que David Blunkett[1] soit présent à la cérémonie de vendredi. Nous l'avons déjà dit, cette cérémonie concerne les proches, ce n'est pas un défilé. Un politicien n'a rien à faire là.

Je pense que nous avons été clairs, mais ça ne nous empêche pas de recevoir un nouvel appel dix minutes

1. David Blunkett est alors ministre de l'Intérieur.

plus tard. Nous répondons sèchement *non !* et nous raccrochons. Le téléphone sonne encore, je n'ai pas besoin de dire qui est au bout du fil. On dirait que nous avons vexé David Blunkett.

Nous arrivons tard à Manchester, à cause des embouteillages. Nous faisons une courte pause à l'hôtel, et nous voilà à Old Trafford. Comme à l'église St-Andrew, nombreux sont ceux qui nous reconnaissent et viennent nous saluer. Il y a un grand repas, avec un magicien qui fascine mon fils. Je suis content de le voir sourire, cela n'était pas arrivé depuis longtemps.

Nous parvenons finalement à la fameuse tribune du président. C'est une longue rangée de sièges, au tout premier rang, juste en face de la ligne de séparation du terrain. À notre droite est assis un joueur qui n'a pas été sélectionné ce soir. Nous avons les meilleures places possibles.

En plus, c'est un match très important pour United, qui doit remonter un handicap de 1-0 pour continuer en Ligue des Champions. Il y aura trois buts marqués en première mi-temps, dont un signé Beckham, et deux dans la seconde. Le coup de pied de David Beckham aurait certainement fait hurler Holly d'enthousiasme. Il était son joueur favori.

Après le match, nous pensions rejoindre notre table pour le dîner, mais on nous apprend que Sir Alex Ferguson, le manager de Manchester United en personne, souhaite nous rencontrer. Les présentations sont tendues, mais il sait nous mettre à l'aise. Il offre à Oliver un ballon signé de la main des joueurs, ce qui, évidemment, le ravit. Il nous propose ensuite de boire un verre et de manger un morceau avec lui. C'est un grand moment. On offre encore à Oliver une paire de gants du gardien de but, Fabien Barthez. Son sourire s'élargit encore, si c'est possible.

David Beckham vient nous voir lui aussi, il salue gentiment toute la famille et reste discuter. Il ne veut pas être en reste et offre à mon fils sa paire de chaussures de jeu, dûment dédicacées. Chris s'improvise cameraman pour la circonstance.

La rencontre a duré au moins une heure. Nous n'en revenons toujours pas. Ça a été tellement gentil de leur part de nous consacrer du temps. Sans compter l'effet thérapeutique, la possibilité d'oublier autant que faire se peut, le temps d'un après-midi, ces trois atroces dernières semaines.

De retour à l'hôtel, nous décidons d'offrir un verre à nos trois agents de liaison pour les remercier de leur soutien au cours de cette journée fantastique. Nous nous installons dans le coin le plus tranquille du bar et nous fichons pas mal que d'autres clients nous dévisagent, nous planons complètement.

La seule chose au monde qui aurait pu me faire renoncer à cette journée, c'est le retour de Holly.

Mercredi 28 août

C'est seulement en lisant la presse du matin que nous nous apercevons que nous avons été photographiés pendant le match. Comme les commentaires sont chaleureux, nous l'acceptons plutôt bien.

Oliver est le roi de la journée : il déborde de fierté quand il montre son ballon signé ou les chaussures de son idole. Tout le monde insiste non seulement pour voir et essayer les chaussures, mais aussi pour les sentir... Heureusement que Nicola défend David Beckham. Elle assure qu'un garçon aussi beau que lui ne peut absolument pas sentir des pieds.

Jeudi 29 août

J'espérais que Chris et Trudie pourraient nous en lâcher plus sur les avancées de l'enquête, mais il n'y a pas de changements : depuis que nous sommes devenus des témoins potentiels, ils ne peuvent plus rien nous dire. C'est frustrant. Nous ne méritons pas d'être exclus de la sorte. Chris, comme d'habitude, me promet de noter mes commentaires et de voir ce qui peut être fait.

Maxine Carr doit être entendue pour les besoins de l'enquête aujourd'hui. Elle répondra aux questions via un système vidéo depuis sa cellule. Je trouve que cet isolement la protège, et je voudrais qu'elle puisse ressentir la colère de la foule à son égard. J'espère aussi qu'elle se désolidarisera enfin de Huntley.

La police, avant d'aller plus avant dans l'enquête, veut visionner toutes les vidéos des médias concernant le gardien de l'école, afin d'observer son comportement. De plus, les résultats des légistes n'arriveront pas avant au moins six semaines. Je sais que cela ne sert à rien de s'énerver, mais quand donc va commencer ce putain de procès ?

La date des funérailles de Holly est gardée secrète, mais Nicola et moi avons déjà prévu, avec le responsable des pompes funèbres, d'organiser un service le plus simple possible.

Ça a été une décision difficile à prendre, mais nous avons finalement choisi de n'avoir qu'un seul corbillard pour Nicola, Oliver et moi sur le court trajet qui nous sépare de St-Andrew. Nos proches auraient bien sûr voulu prendre part au cortège funéraire, mais nous leur expliquons que la perte de notre fille a été tellement médiatisée que nous éprouvons le besoin d'être seuls avec elle.

Quelques mises au point avec nos agents de liaison pour la semaine prochaine : nous acceptons qu'ils assistent aux funérailles de notre fille, ainsi que la famille Chapman, et nous voulons assister à celles de Jessica, mais il est hors de question que nous soyons escortés par des motos jusqu'au cimetière.

Chris se demandait pourquoi nous nous étions mis d'accord avec les Chapman pour que Holly soit enterrée après Jessica. En fait, nous voulions à tout prix éviter la présence de la presse. Il pose ensuite des questions plus précises :

– *Saviez-vous qu'Holly avait offert une boîte de chocolats à Maxine Carr ?*

– *Oui, Holly insistait beaucoup pour offrir quelque chose à Miss Carr pour la fin de l'année scolaire.*

– *Holly vous avait-elle parlé de son projet d'être la petite fille d'honneur au mariage de Maxine Carr ?*

– *Non, jamais, pourquoi cette question ?*

– *Nous ne pouvons pas en dire plus.*

Le bon vieux jeu du chat et de la souris, encore.

Ma famille est arrivée d'Écosse ce matin. Ils dorment tous à l'auberge *Jarman's House*, derrière l'école. Cette zone est contrôlée par les forces de l'ordre. L'officier de police a eu l'air surpris quand nous lui avons demandé la permission de nous y rendre.

C'est si difficile de les retrouver dans de pareilles circonstances que nous tombons dans les bras les uns des autres. Archie Steel pense que nous devrions écouter *Samantha's Lullaby*, le morceau qu'il va jouer à la cornemuse, pour nous habituer avant la cérémonie. Tristement, ironiquement, nous nous sentons presque fiers du poème, du discours, de la musique.

Vendredi 30 août

J'ai encore à peine dormi, et ça m'embête, parce qu'il y a la cérémonie cet après-midi. En plus il y a une répétition ce matin à 11 heures.

La cathédrale est un monument immense, écrasant. La lumière du soleil inonde les vitraux et sublime les effets du cuivre. Les journalistes de la télévision s'installent, les techniciens travaillent à parfaire l'éclairage, les fleurs sont installées.

La répétition commence, mais quand mon tour vient, impossible de lire le poème. Je m'excuse et retourne m'asseoir.

Ensuite nous allons prendre une tasse de thé avec l'évêque et les Chapman. J'ai l'esprit ailleurs. Gary Goose, le coordinateur des agents de liaison, est en pleine conversation avec la mère de Victoria Beckham, l'ex-Spice Girl, qui souhaite envoyer quelques compositions florales de la part de sa fille et de son gendre.

Quand nous entrons de nouveau dans la cathédrale, c'est sous une pluie de flashes. Bref, rien pour arranger ma nervosité. L'atmosphère est étouffante. Nicola est sûre que je lirai le poème correctement. Pourvu qu'elle ait raison.

Les chanteurs du chœur, dans des soutanes rouges resplendissantes, chantent *All Things bright and beautiful.* C'est impressionnant, mystique.

Je sens mon tour approcher. L'évêque nous invite à la prière, puis Brian Stevens, l'un des agents de liaison des Chapman, lit le poème dédié à Jessica et intitulé *Lord of Comfort.* Ce qui est assez gênant, c'est que l'on perçoit en bruit de fond un commentateur italien traduire ce qu'il entend. J'espère que Brian n'est pas trop gêné par les interférences.

Je n'ai pas envie du tout d'entendre ce commentateur pendant ma prestation : c'est un moment important, qui doit être parfait. Je glisse à un agent de liaison que je ne parlerai pas avant que le problème soit réglé. Il opine du chef et se dirige vers le commentateur. Je suis soulagé de le voir si compréhensif.

Voilà, c'est mon tour. Sur ma droite se tiennent mes amis du club de cricket. Parmi eux, j'aperçois John Stannard, qui m'a toujours aidé dans les moments difficiles. Si ma voix se brise ou si je suis accablé par l'émotion, j'ai décidé que je retournerais simplement m'asseoir plutôt que de me tourner en ridicule, et que je le laisserais continuer à ma place. Je vais y arriver.

J'ai réussi. Nicola et Oliver me sourient, fiers de moi.

Archie Steel prend ma place avec la cornemuse. Quand il commence à jouer, c'est trop d'émotion, je perds mon sang-froid, et Oliver et Nicola versent une larme avec moi. Merci, merci mon Dieu de n'avoir pas été photographiés à cet instant.

Ensuite, après quelques mots de la directrice de l'école, et l'hymne *Give me Joy in my Heart*, le révérend Tim Alban Jones, de sa chaire, parle d'Holly :

– *Une fille parfaite, qui aimait la danse et le football, qui appréciait d'aider d'autres enfants avec son sourire optimiste. (...) Jessica et Holly étaient dignes de confiance, leur façon de vivre est sûrement un bon modèle pour nous tous. La pire chose qui pourrait arriver à la suite de ce qui est arrivé à Soham serait de voir toute une génération grandir dans la méfiance de l'autre.*

Je suis frappé, tant par la justesse des mots que par le ton qu'il emploie. Il continue :

– *Holly et Jessica ont pris une part importante dans les vies d'un grand nombre de gens en peu de semaines, y compris pour des personnes qui n'avaient jamais eu la chance de les connaître au cours de leur vie. Puissent le souvenir et les prières que nous ferons pour elles nous rappeler le modèle d'une vie réussie comme la prône saint Paul, pleine d'amour. Parce que c'est précisément là que se trouvent notre guérison, notre salut et, par-dessus tout, l'espoir d'un avenir pour tous.*

Commence ensuite la seule partie de la cérémonie que nous, les parents, ne connaissions pas à l'avance. C'est l'évêque qui donne la bénédiction finale :

Puisse l'amour de Dieu et la paix de Notre Seigneur Jésus-Christ

Vous bénir et vous consoler,

Ainsi que tous ceux qui vous ont connues et aimées.

Puisse Dieu vous apporter son réconfort, sa paix,
Sa lumière et sa joie,
Et la bénédiction du Dieu Tout-Puissant,
Père, Fils et Saint-Esprit,
Être avec vous et ceux que vous aimez, aujourd'hui et pour l'éternité,
Amen.

Quand nous quittons l'église, nous sommes un peu dans un état second, comme imprégnés par l'atmosphère de recueillement qui règne. Mais dès que nous avons passé le pas de la porte, nous sommes aveuglés par l'éclat du soleil, et surtout il nous faut répondre aux questions de la presse.

– *Comment vous sentez-vous ?* demande un journaliste.

– *Comment vous seriez-vous senti si ça avait été votre enfant ?* répond Nicola.

À la tombée de la nuit, Archie s'installe dans le jardin avec sa cornemuse et commence à jouer. Toute la famille est réunie. Nous pensons à Holly.

Dimanche 1er septembre

Aujourd'hui Jessica aurait eu onze ans. Notre responsabilité dans cette affaire ne s'arrêtait pas à Holly, puisque nous devions surveiller Jessica.

Pour la famille Chapman, les parents, les amis, c'est sans nul doute l'épreuve la plus douloureuse. Nous prions pour eux, pour que, malgré la rudesse de l'instant présent, ils puissent aussi faire face, demain à 11 heures à St-Andrew, quand Jessica sera enterrée.

Lundi 2 septembre

Nous assisterons aujourd'hui aux funérailles de Jessica Aimee Chapman.

Je ne laisse toujours pas Chris en paix avec mes questions. Comment un homme comme Huntley peut-il travailler avec des enfants ? Quel type de contrôle est mis en place ? Il ne répond rien. Nous découvrirons plus tard que la police était, à ce moment-là, en train de découvrir des choses inquiétantes sur le passé de Huntley.

Le départ des agents de liaison nous permet de nous concentrer avec nos amis sur les funérailles de Holly, qui auront lieu demain.

Il y a encore eu un déluge de lettres après la cérémonie de vendredi, des gens prennent le temps de nous remercier de leur avoir permis de partager notre émotion. C'est encore une source de réconfort.

L'une de ces lettres vient d'une dame qui, elle aussi, a perdu sa fille. C'est d'abord l'adresse qui a attiré mon attention : la lettre a été postée de l'île de Seil, qui se trouve être par hasard celle d'où vient Archie Steel, le joueur de cornemuse. La dame écrit :

Vous recevrez beaucoup, beaucoup de lettres d'étrangers, je ne suis qu'une personne de plus à envoyer mes sincères condoléances et mes prières. J'espère que vous sentez ce peu de réconfort que tous ces inconnus vous envoient, dans l'obscurité, pendant ces jours assombris par le deuil.

J'aimerais pouvoir vous dire que les choses s'arrangeront : mais aujourd'hui je célèbre le cinquième anniversaire de la mort de ma fille bien-aimée, Diana. Je peux vous affirmer que ça ne devient ni plus léger ni plus facile, elle vit cependant toujours dans mon cœur et nous manque. Cela ne changera jamais, mais nos autres enfants ont besoin de nous et ils égaient nos vies. J'espère que maintenant la vie sera douce et clémente pour vous et les vôtres, et que – plus que tout – vous vivrez en paix et retrouverez vos vies, loin des médias.

Je prierai, avec la foule, pour vous et pour les âmes de Holly et de Jessica.

Puissent-elles reposer en paix.

Mrs Frances Shand Kydd

Sa « fille bien-aimée », c'est la princesse Diana.

Mardi 3 septembre

Après la tristesse d'hier, notre appréhension a grandi durant cette nuit sans sommeil, pendant laquelle nous avons compté les minutes qui nous séparaient de l'enterrement de Holly. Les quatre dernières semaines ont été si traumatisantes que je suis presque soulagé que l'enterrement ait lieu aujourd'hui. Affligeant.

Notre emploi du temps pour la messe a été préparé de façon méticuleuse. Les faire-part ont été imprimés dans la couleur préférée de Holly, lilas. Sur la première page, on voit une photo de Holly espiègle et souriante, exactement telle que nous souhaitons nous en souvenir. En plus, cette photo a été prise par Donna, sa marraine. Elle a accepté de lire un poème pendant la messe. Nous espérons qu'en voyant cette photo elle saura à quel point nous l'aimons.

Nicola et moi avons décidé que *Angels* de Robbie Williams serait joué après le sermon. C'est notre chanson de karaoké. Les paroles de cette chanson sont tellement adaptées à la situation ! Puis nous passerons

All Things bright and beautiful, car c'est comme cela qu'était notre fille.

Nous ne voulons voir personne ce matin, même nos agents de liaison. Nous voulons être seuls avec Oliver. Nous essayons de le préparer à nous voir pleurer. Nous lui disons aussi que s'il veut pleurer, à n'importe quel moment, il peut le faire sans aucune retenue. Oliver est très calme, mais il refuse de nous donner la main quand nous marchons derrière le cercueil. Cette marque d'indépendance nous prouve que nous avons eu raison de lui parler. Je suis content d'être entouré d'habitants de Soham. Nous finissons par tomber dans les bras les uns les autres pour laisser éclater notre chagrin. Nous marchons vers l'église en silence. Le cercueil de Holly vient d'être sorti du corbillard.

Dans l'église, nous sommes installés en face du cercueil de Holly. La vue de ce cercueil est insoutenable. Incapables tout d'abord de chanter, nous tentons de nous ressaisir lorsque Donna s'avance pour lire son poème. Mais alors que commence à peine *Angels*, je suis en larmes, envahi par le souvenir de Holly chantant avec moi sur la scène du karaoké. Plus j'essaie de me retenir, pire c'est. Nicola se ressaisit la première et soutient Oliver.

Nous quittons l'église dans le même état, les yeux pleins de larmes. La seule personne que je me souvienne avoir clairement vu est le père de Jessica dans la foule. La police a fait fermer les routes. Nous marchons vers le portail de l'église dans un silence de plomb.

Certains de nos proches ne parviennent pas facilement au cimetière. Leurs taxis sont pris dans les barrages policiers, mais tout le monde se retrouve réuni pour la fin de la procession. Incapable de recouvrir le cercueil d'un peu de terre, je suis juste capable d'articuler :

– *Au revoir, Holly chérie.*

Cet instant symbolise la fin de quatre semaines de cauchemar. Une épreuve où la force intérieure et les caractères de chacun ont été éprouvés au-delà de l'imaginable. Il nous faut remercier tous les gens pour leur soutien. Nous les serrons dans nos bras avant de retrouver la solitude de notre jardin. Alors que nous rejoignons tous les trois le corbillard, nous voyons disposés sur l'herbe, près de notre gerbe lilas, les autres compositions florales ainsi qu'un bouquet de sept roses rouges envoyé par Victoria et David Beckham.

Lundi 9 septembre

À présent, notre priorité, c'est Oliver. Nous voulons lui offrir un environnement calme et serein pour son entrée dans l'adolescence.

C'est délicat : nous voulons l'épargner, mais il est important de le tenir informé des avancées de l'enquête. Pas facile à trouver, comme équilibre. C'est seulement le soir, quand il est couché, que nous nous laissons aller. Ensemble, tous les trois, nous continuons à parler de Holly aussi souvent que possible. Nous avons demandé à tout le monde de nous traiter normalement.

Nous ne sommes plus seulement trois, d'ailleurs. Nos agents de liaison font désormais partie de la famille. Aux funérailles, ils ont déposé une gerbe de fleurs, et sur la carte on pouvait lire :

Holly était une petite fille très aimée de ses proches. Cela aurait été un privilège de la rencontrer. Repose en paix.

Signé : *Stewart, Chris et Trudie.*

Nous nous sommes appuyés sur eux, nous avons imploré leur soutien et leur bienveillance. Nous avons vécu tout ça ensemble, dans la confusion, la colère, la culpabilité et même le déni.

Aujourd'hui, les cours ont repris à l'école St-Andrew. Nous avons consenti à accompagner la famille Chapman pour un hommage aux filles. Nous sommes reconnaissants envers tous les enfants, ceux qui sont passés dans les journaux, à la télévision. Quand nous prenons place, ils sont là, quatre cent trente visages silencieux. Pour les rassurer, le directeur de l'école leur dit de ne pas avoir peur de parler des événements d'août.

Nous sommes juste à côté de la classe de Holly. Nous les reconnaissons tous, pour les avoir vus sur chacune des photos de classe, même si nous avons détruit toutes celles sur lesquelles il y avait Maxine Carr.

La réunion se termine par le lâcher de colombes auquel on avait pensé pour la cérémonie à Ely.

Il ne faut pas oublier de remercier la communauté. Après les enfants, la police. Je veux faire paraître une annonce dans la presse du soir du comté de Cambridge.

Il y a aussi un autre lâcher de colombes, à l'université. Mille trois cent trente-cinq étudiants y assistent, comme pour un exercice d'incendie et à notre arrivée, ils s'alignent tous en silence. Les colombes prennent leur envol, puis tout à coup changent de direction. Tout le monde les regarde, bouche bée, quand elles se dirigent droit sur la maison du concierge.

Coup de fil impromptu, la pression tombe. On nous demande de rentrer d'urgence à la maison, sans nous dire ce qui se passe. Pas par téléphone. Nous imaginons tous les scénarios. Qu'a-t-il pu arriver ? Est-ce que ça a un lien avec Huntley ? Avec Carr ?

Non, ce n'est rien de tout cela. Quand nous retrouvons Chris, il nous annonce que l'un des agents de liaison de la famille Chapman, Brian Stevens, a été arrêté le matin même pour détention de matériel à caractère pédophile. Ça dépasse l'entendement.

Certes, ce n'est pas ce que nous craignions, rien qui vienne influer sur la conduite du procès. Mais... juste quand nous pensions enfin en avoir terminé ! Non seulement notre fille a été assassinée par un pédophile, mais en plus un autre a sali ses funérailles en lisant un poème à son attention dans la cathédrale d'Ely.

Mais il n'a pas que des mauvaises nouvelles. Les psychiatres, en effet, ont déclaré Ian Huntley apte à assister à son procès. Soulagement. [1]

Des témoins disent que Maxine Carr n'était pas à Soham le soir du double meurtre. Huntley, lui, dit qu'elle prenait un bain à l'étage ! Pas facile de s'y retrouver dans toutes ces versions contradictoires, mais si elle a encore une once d'humanité, elle doit se lever et dire ce qu'elle sait. La haine que nous lui portons pourrait peut-être alors s'estomper.

Moins gai. Nicola doit faire l'inventaire de tous les plats qu'elle avait préparés pour le barbecue du 4 août, en précisant la marque de chaque aliment. Il s'agit de

1. Nous apprendrons plus tard, par une de ses anciennes amies, qu'il avait déclaré que, le jour où il assassinerait une fille, il jouerait la carte de la déficience mentale pour s'en tirer. Ce témoignage n'a pas été utilisé par nos avocats qui ont jugé qu'il pouvait nous être préjudiciable.

vérifier le contenu de l'estomac de Holly, que les légistes ont récupéré avant l'enterrement. Chris accompagne Nicola pour tout vérifier, jusqu'au dessert.

Grâce à ces informations, les légistes pourront analyser ce qu'ils trouveront, et voir s'ils décèlent quelque chose de particulier. Des drogues ou de l'alcool par exemple. La tâche est macabre mais essentielle. Nous pourrons peut-être savoir ainsi si les filles sont mortes peu de temps après le barbecue ou pas, si elles sont restées captives longtemps. Bref, nous pourrons savoir combien de temps a duré leur calvaire.

Samedi 28 septembre

J'ai accepté finalement qu'on appelle une rose récemment créée la « Rose de Soham » en référence à Holly, comme on nous l'avait proposé le mois dernier, avant la cérémonie. Une partie du prix de vente sera reversée pour le monument funéraire des deux filles.

Ce matin, Oliver nous a demandé s'il pouvait s'installer dans la chambre de Holly, qui fait deux fois la taille de la sienne. Nos cœurs n'ont fait qu'un bond. Mais il a raison, et nous devons suivre son exemple : il faut avancer.

Nous nous lançons alors tous les trois dans le rangement des affaires. Alors que Nicola commence à trier les vêtements de Holly pour des œuvres de charité, elle pousse un cri et me montre un pantalon. Elle pensait que c'était celui-ci que portait Holly lors de sa disparition.

J'appelle tout de suite Stewart pour le prévenir. Mais, heureusement, selon lui, ça n'affectera pas la suite de l'enquête, d'autant que Nicola pourra modifier sa déclaration ultérieurement.

Nous passons l'après-midi à évoquer des souvenirs heureux tout en rangeant ses jouets, ses jeux, ses livres. Parmi ses affaires, Nicola remarque une enveloppe. Holly avait écrit une lettre à une maison de disques. Elle a même joint une cassette de démonstration. Holly et sa meilleure amie, Natalie Parr, y chantent, accompagnées par un musicien infaillible : le karaoké. D'après la lettre, ce n'était pas la première fois qu'elle prenait cette initiative. Elle me manque, ma petite fille débrouillarde et indépendante.

Le réconfort dont j'ai besoin, je le trouve dans la foi. Tous les dimanches, je vais à l'église et je prie pour ma famille. Je prie pour que justice soit rendue à Holly et à Jessica.

Mes amis et ma famille m'interrogent sur mon « évolution spirituelle ». La plus virulente est sans conteste mon épouse. Toutes les semaines, Nicola me fait systématiquement le même commentaire :

– *Si tu entres en contact avec ton nouveau dieu, tu lui demanderas pourquoi il a permis que notre fille de dix ans soit assassinée.*

Jeudi 3 octobre

L'évêque d'Ely me propose une communion privée aujourd'hui, la veille du onzième anniversaire de Holly.

Plus son anniversaire approche, plus notre courage et nos projets s'effondrent. Nous n'allons pas bien, mais nous y allons quand même. Nicola m'accompagne.

La messe me remonte le moral.

Vendredi 4 octobre

Aujourd'hui, Holly aurait eu onze ans. Cela aurait été sa dernière année à l'école St-Andrew, elle attendait ce moment avec la plus grande impatience. Elle aurait dû partir une semaine sur l'île de Wight. C'était pour elle un moment d'indépendance, loin de sa famille, pour la première fois. Elle l'a même écrit dans l'un de ses derniers devoirs :

J'ai hâte d'aller sur l'île de Wight. Ce sera amusant de quitter mon frère pour une semaine entière ! J'aimerais être aussi une des plus vieilles dans l'école. Et vraiment, j'aimerais être bibliothécaire, mais je m'inquiète de ce que les professeurs penseront de moi. Je pense que je devrai être raisonnable et travailleuse, et aussi obtenir de bonnes notes pour le dernier conseil de classe. Je devrai aussi bien me tenir dans et en dehors de la classe. Il faut que je m'applique, que je fasse des phrases compliquées quand il le faut. Je pense être bonne en art et en littérature, parce que ce sont mes matières préférées et qu'elles sont amusantes.

Cette dernière année qu'elle ne vivra jamais m'empêche de dormir.

Fin octobre, début novembre

Octobre a été un mois chargé pour toute la famille.

Au début de l'année, avant que tout ça n'arrive, nous avions prévu des vacances aux Canaries. Oliver veut vraiment y aller. Nous suivons les conseils du pédopsychiatre : il faut multiplier les événements positifs sur lesquels il puisse s'appuyer. Nous irons donc. Notre neveu Thomas nous accompagnera à la place de Holly, il a le même âge qu'Oliver.

Nicola doit demander un nouveau passeport puisque Holly figure sur l'ancien. Nous le recevons rapidement, et, en l'ouvrant, nous comprenons immédiatement pourquoi. Ce n'est pas un nouveau document. Le nom de Holly est simplement barré d'un trait noir. Délicat.

Quelques jours avant notre départ, on me demande d'écrire un message de Noël qui sera diffusé sur Channel Four. Chaque année, ils demandent à un téléspectateur qui a triomphé de l'adversité de s'en occuper.

L'offre est touchante. Ce sera l'occasion de récolter des dons pour l'association « Holly et Jessica », mais aussi de m'aérer l'esprit, une semaine après l'anniversaire de ma fille.

Mais finalement, je reçois une interdiction formelle du ministère public de participer à cette opération. Non seulement leur avis est définitif, mais il y est aussi joint une menace d'injonction pour empêcher sa diffusion. Leur argument, c'est que je pourrais être appelé à témoigner et que cela peut s'avérer préjudiciable pour le procès. C'est idiot.

Ce n'est pas facile pour Nicola de préparer les valises, de supporter la première absence de notre fille en dix ans. Elle décide d'emporter un cœur avec des perles en plastique que Holly lui avait offert l'été dernier, mais il se brise en deux. Ça ressemble bien à ce que nous vivons.

À l'aéroport de Stansted, dans les files d'attente, le silence nous suit. Toutes les conversations s'éteignent quand nous approchons, dès qu'on nous reconnaît. On dirait que les gens ont peur.

À l'hôtel aussi, tout le monde nous regarde. Certains pensent nous connaître.

– *Bonjour !* disent certains.

– *C'est bon de vous voir ici*, disent d'autres, en se demandant où ils ont bien pu nous rencontrer.

Parfois la mémoire leur revient assez vite, parfois non. C'est assez inconfortable de devoir les détromper :

– *Vous pensez nous connaître. Nous sommes simplement passés à la télé parce que notre fille a été assassinée.*

Alors, certains se mettent à pleurer, et c'est à nous de les réconforter. Bizarre, comme situation.

Nous n'avons pas parlé à grand monde au cours de ce voyage, finalement. Chris a appelé régulièrement. Pendant deux semaines, je me suis senti frustré d'être aussi loin de la maison.

Huntley et Carr devaient être interrogés tous les deux pendant nos vacances, mais leurs avocats parviennent toujours à repousser l'échéance. Après tout, ils ont été mis en examen, donc logiquement nous avons assez de preuves. Pourquoi alors leur demander leur accord pour les interroger ?

Même après avoir quitté l'hôpital, Huntley a continué à feindre la maladie mentale. Son inculpation ne sera donc possible que si l'accusation se démène pour convaincre le jury, de façon parfaitement certaine, qu'il a bien assassiné Holly et Jessica. Quand je pense qu'il a le droit de garder le silence...

Il y a pire. Chacun des faits reprochés aux accusés doit être transmis intégralement à leurs avocats, mais la défense, elle, n'est pas tenue de nous informer, nous les parents, parce que nous ne sommes considérés que comme de simples témoins : pour les tribunaux, c'est une affaire entre l'État et le couple Huntley-Carr. Du coup, ils n'auront rien d'autre à faire que de lire et de relire les charges, puis d'adapter leur défense. C'est ça, la justice ? La mort de Holly est déjà la pire des catastrophes, mais perdre le procès briserait nos vies. J'ai besoin que justice soit rendue.

Maxine Carr, quant à elle, montre des signes de nervosité. Elle a admis être coupable de fraude fiscale, et a dit avoir été forcée de le faire par Huntley : elle est donc prête à mentir pour lui. Il a été décidé qu'elle ne serait jugée pour ce délit qu'après le procès principal.

Elle s'est effondrée et a été transportée à l'hôpital. La police a obtenu sur elle des informations accablantes, notamment concernant ses agissements dans une boîte de nuit. Son cas s'aggrave.

Pour Huntley, ce n'est pas mieux. Sa famille lui rend actuellement visite en prison, et ils se seraient disputés. Est-ce qu'il leur aurait avoué quelque chose [1] ?

Il avait une liaison avec une femme du *Sunday News* de Soham. À chaque absence de Maxine, il la rejoignait. Tout n'était pas rose entre eux deux manifestement au moment des faits.

Quelles conclusions en tirer ? Si Huntley a cru que Maxine Carr passait du bon temps sans lui, cet incident a-t-il affecté sa façon de penser, à tel point qu'il en vienne à tuer ? La logique exclurait un tel scénario, mais il ne s'agit pas d'un individu sain d'esprit.

Autre chose : la police a interrogé une des anciennes petites amies de Huntley. Il avait un comportement violent avec les femmes, et elles ne restaient pas longtemps avec lui.

Pendant notre absence, Diane, la mère de Nicola s'est installée chez nous, et ce qui devait arriver est arrivé : c'est elle qui reçoit les appels de tous les pervers qui nous harcèlent. Elle a été particulièrement choquée par un certain Mr Westgate, de Plymouth. Depuis août 2002, il n'arrête pas d'appeler, pour parler de la dégénérescence du système. D'aussi loin, nous ne pou-

1. Ce jour-là, Ian Huntley aurait avoué à ses parents qu'il a intentionnellement tué Jessica Chapman. Son père, Kevin Huntley, a déclaré au *Daily Mirror* : « Il nous a dit comment il avait fait. Nous sommes effondrés, mais la vérité doit être dite. »

vons pas la rassurer, et elle a fini par prévenir les forces de l'ordre.

La police a maintenant reçu le résultat des analyses du médecin légiste concernant le contenu de l'estomac de Holly. Elles montrent que les aliments n'avaient pas été digérés. Holly est morte pratiquement après avoir bu son thé.

La police nous montre également la photographie d'une petite culotte. C'est bien celle de Holly. Il y a aussi une photo de la poubelle, celle dans laquelle ses vêtements ont été retrouvés, dans le hangar de l'école. Nous devons aussi fournir des échantillons de cheveux.

Ce n'est pas la meilleure façon de commencer le mois de novembre. Nous n'en pouvons plus de devoir rester à l'affût pour deviner les avancées de l'enquête. Nous n'en pouvons plus d'être tenus à l'écart, de devoir nous exécuter quand on nous interroge, de ne pas savoir pourquoi. L'un des responsables de l'enquête, Chris Stevenson, s'est engagé personnellement à améliorer la situation. Il va en parler au ministère public.

Huit jours plus tard, le ciel nous tombe sur la tête. Stevenson, le ministère public et notre propre avocat ont pris conjointement la décision de ne plus nous transmettre aucun renseignement, et la décision est immédiate. Stevenson n'a même pas eu la décence de nous avertir en personne. C'est impardonnable. Nous avons l'impression de compter pour du beurre pour les policiers. Savent-ils à quel point c'est blessant ?

J'ai besoin d'un dérivatif. Je me suis souvent demandé ce qui pourrait m'aider à supporter tout ça, et j'ai finalement décidé d'écrire un livre. Ce sera une façon de parler encore de ma fille, de la garder un peu présente. Ce sera aussi l'occasion de rassembler mes notes, et de me réapproprier une histoire devenue publique.

Reste que je ne connais rien de la marche à suivre, et que j'ai besoin des conseils de quelqu'un. Il me faut aussi le soutien des agents de liaison : je ne voudrais pas que ma démarche entrave le procès, et eux seuls pourront me renseigner précisément pour l'instant.

Ils m'ont orienté sur Matt Tapp, le consultant-presse de la police. Nous prendrons contact dans le courant du mois.

Vendredi 15 novembre

Nous avons appris aujourd'hui que le procès ne se tiendrait pas à Norwich Crown, mais à Old Bailey [1], qui est beaucoup plus loin de chez nous. Ça va être une expédition interminable à chaque fois qu'on voudra assister aux audiences.

Il paraît qu'ils ont pris cette décision pour que les jurés n'aient aucun contact avec la population de Soham, et garantir ainsi aux accusés leur fameux « procès équitable ». Ils commencent à me courir, avec leur « procès équitable ».

Conversation avec Chris. Il est carrément venu me chercher sur mon lieu de travail pour me poser ces questions...

– *Est-ce que Holly souffrait de saignements de nez ?* me demande-t-il d'abord.

– *Pas récemment, je ne pense pas, mais bon, je ne peux pas en être certain. Pourquoi ça ?*

1. C'est dans le tribunal de Old Bailey que se sont déroulés les plus grands procès criminels britanniques.

– *Rien, c'est juste pour vérifier une nouvelle information.*

– *Quelle information ?*

– *Désolé, vous savez bien que je ne peux pas en dire plus.*

C'est de la torture, cette manie de poser des questions sans donner d'explications. Forcément, les questions se bousculent dans ma tête.

Est-ce que la police aurait trouvé du sang dans la maison de Huntley ou dans la voiture ? Sur ses vêtements ?

Est-ce qu'il faut voir là une indication sur la manière dont est morte Holly ?

J'appelle Nicola, qui me confirme qu'effectivement il est arrivé, par le passé et quand il faisait très chaud, que Holly saigne légèrement du nez, mais c'était rare. Quoi qu'il en soit, ce 4 août, ce n'était pas le cas.

Il faut que Chris m'en dise plus. Tout ce que j'ai obtenu de sa part, c'est que la police a entendu un nouveau témoin selon lequel Huntley aurait dit que l'une des filles saignait du nez cette fameuse nuit. Je n'ai pas besoin d'en demander plus.

Ces derniers mois, pour faire face, je me disais qu'elle n'avait pas souffert. Apparemment, je me trompais.

Maintenant, j'imagine ce qui s'est passé. Je fais des cauchemars. Ce n'est même plus glauque, c'est macabre. Il y a même des images si claires qu'il faudra que j'en fasse part à la police. Ça peut peut-être avoir valeur de témoignage.

Mardi 26 novembre

C'est aujourd'hui que Matt Tapp doit venir nous rendre visite. J'ai un a priori positif sur ce type, il m'a fait bonne impression à la dernière conférence de presse.

Il m'aidera à trouver un agent littéraire. Je crois que ça va être bien de bosser avec lui. Il a toutes les qualités d'un professionnel, et je crois qu'il saura être discret.

Il y a des rumeurs selon lesquelles la législation pourrait changer, à la suite de notre affaire. C'est ce qu'a dit Chris en tout cas et, selon lui, ça pourrait changer l'issue du procès. Mais pour ce faire, il faudrait que la loi soit adoptée avant que la procédure ne soit achevée [1].

1. En effet, une nouvelle loi est entrée en vigueur en décembre 2004 – c'est-à-dire après le procès en question. Le « Criminal Justice Act, 2003 » permet que les crimes et délits sexuels figurant au casier judiciaire de l'accusé soient révélés au jury pendant le procès. Cette loi est controversée, notamment en raison de la précipitation de son adoption et du manque de formation des magistrats qui doivent l'appliquer.

Nicola, elle, dort toujours aussi mal. Je ne sais plus quoi faire pour elle. Elle a décidé de partir deux semaines aux États-Unis avec Donna, et je crois que c'est une bonne idée. Ça lui fera un bon break, et ça m'étonnerait qu'on la reconnaisse là-bas.

Mercredi 4 décembre

Aujourd'hui, grand jour ! Nous sommes invités à prendre le thé par le prince Charles, à Sandringham. Nous serons avec les Chapman et Tim Alban Jones.

Avant de partir, je passe à la banque pour consulter nos comptes. Il n'y a quasiment pas d'argent, ce n'est pas normal. Mes dépôts de chèques n'ont pas été encaissés. Ils datent du mois d'octobre pourtant !

Je ne vois pas comment régler le problème sans apporter une preuve de fraude avérée. Mon compte devra rester à sec, avec ses trois mille livres en moins. C'est Scott qui va être content, avec son bébé qui doit arriver à la fin du mois.

La journée commence bien, tiens !

Nous arrivons à Sandringham avec quarante-cinq minutes d'avance. Il fait froid, et personne n'a vraiment envie d'attendre dans les voitures. Tant pis. Nous entrons dans la propriété.

C'est dommage qu'il fasse si sombre, je suis sûr que ça doit être super avec de la lumière. À l'entrée, pas de réponse. Nous sommes tous un peu nerveux mais, après dix minutes d'attente, nous finissons par entrer quand même. Je ne sais pas ce que stipule le protocole, mais certainement pas ce que nous sommes en train de faire.

Un des intendants du prince nous rejoint et nous dirige vers la bibliothèque pour nous offrir du thé et des petits gâteaux.

Ce n'est peut-être pas très malin, mais une question me brûle les lèvres, et je me lance :

– *Est-ce que ce sont les biscuits personnels de Charles ?*

– *Oui monsieur, seulement nous disons plutôt que ce sont ceux de Son Altesse Royale.*

Un point pour lui. Je me sens un peu bête et je me tais.

Avant l'arrivée de Son Altesse Royale, une dame de compagnie vient nous donner quelques consignes sur le protocole. C'est tout un art. Pour saluer le prince, il faut incliner légèrement la tête, donner une poignée de main, employer d'abord « Votre Altesse », et n'utiliser « Monsieur » que par la suite. La nervosité ambiante monte encore un peu. Ce n'est pas le genre de situation dont nous sommes coutumiers.

Dans l'immense bibliothèque, il y a un petit livre qui explique toutes ces règles d'étiquette. Tout ce qui intéresse Oliver, c'est de savoir s'il y a des images. En voilà un, au moins, qui est détendu.

Avec le stress et le thé, il fallait s'y attendre, nous nous mettons tous à la recherche des toilettes, ce qui nous oblige à traverser les couloirs et leurs armures anciennes, souvenirs de guerre et autres tableaux de maître. Pour ceux que ça intéresse, les toilettes sont décorées par des caricatures originales faites par des illustrateurs célèbres.

Dans une pareille demeure, il faut s'attendre à faire des rencontres particulières et dans nos pérégrinations, nous tombons nez à nez avec Camilla Parker Bowles, qui vient tout de suite nous saluer.

Retour à la bibliothèque.

Arrive enfin le prince Charles, et nous nous exécutons tous du mieux que nous pouvons pour le saluer dans les règles de l'art.

On nous emmène dans une pièce magnifique, pour y boire un thé à l'ancienne. Le prince désigne à chacun une place autour de la grande table carrée. Nicola et Sharon Chapman sont toutes les deux assises à ses côtés.

Nous ne savons pas trop quoi dire, mais le prince engage tout de suite la conversation. Il déclare simplement qu'il est vraiment enchanté que nous ayons pu venir, parce qu'il n'était pas sûr que nous accepterions l'invitation !

Il commence ensuite à parler avec ses deux voisines, et le reste de la tablée commence à se détendre. Je discute avec Mrs Parker Bowles, et je suis agréablement surpris : elle est consciente de nos problèmes personnels et se montre compréhensive. Le ton est donné.

La table croule sous les petits-fours et les *crumpets* avec de la *marmite* [1], ce qui est drôlement original. Il y a aussi toutes sortes de sablés et de petits gâteaux au chocolat et à l'orange, au sujet desquels Camilla me

1. Levure fermentée au goût de bouillon cube.

demande s'ils sont à mon goût ; il s'agirait d'une toute nouvelle gamme de biscuits. Ils sont délicieux.

Le prince prend le temps d'engager un brin de conversation avec chacun, individuellement, dans le sens des aiguilles d'une montre. Il commence par mon petit Oliver :

– *Alors Oliver,* lui demande-t-il, *aimez-vous l'école ?*

– *Non.*

Il a oublié d'ajouter « Monsieur ». Je cherche son regard, mais il n'y a rien à faire.

– *Vous devez bien aimer quelques matières Oliver ?*

– *Oui, le sport.*

Voici qu'il pose ses coudes sur la table. Tout ce qu'il remarque, c'est sans doute que l'on parle du sujet qui l'intéresse le moins.

– *Vous êtes supporter d'une équipe de football ?*

– *Manchester United.*

Conversation minimum. Le prince se tourne vers moi, et Oliver respire.

– *Monsieur Wells, comment vont les affaires ?*

– *Eh bien Monsieur, c'est un métier difficile, surtout quand il faut travailler dehors en cette saison. Je suis surtout basé à Cambridge, et c'est une ville magnifique.*

– *Je suis allé à l'université là-bas.*

– *Oui je sais, Monsieur.*

– *Vous effectuez le nettoyage pour le compte de l'une des universités ?*

– *Les compagnies de nettoyage déjà bien établies ont tous les contrats des universités. C'est difficile de mettre un pied dans la porte, Monsieur.*

– *Vous aimeriez que j'en parle ?*
– *Si vous avez le temps Monsieur, je vous remercie !*

Il sourit, et se tourne vers Tim. Camilla Parker Bowles prend le relais :
– *Vous êtes natif de Soham, monsieur Wells ?*

C'est une question simple pourtant, mais je suis sur le point de commettre un impair. J'aurais pu répondre simplement que oui, qu'en effet j'ai passé trente-six ans dans cette ville, que je suis né trois kilomètres au sud, à l'hôpital royal de l'armée de l'air d'Ely, mais ce n'est pas ce que j'ai fait.

J'oublie de réfléchir et je dis :
– *Oui, j'ai passé toute mon enfance à Soham, et j'y suis resté à l'âge adulte. Je suis né à l'hôpital d'Ely qu'on appelle aujourd'hui « hôpital de la princesse de Galles ».*

Je finis ma phrase péniblement, en m'apercevant de ma référence indélicate à Diana. Mais Mrs Parker Bowles ne montre aucun signe de mécontentement et continue la conversation. Je fais comme je peux pour maîtriser mon rythme cardiaque.

– *Je suis sûr que vous avez bien mieux à faire de votre temps.*

Cette phrase du futur roi d'Angleterre indique que l'entretien touche à sa fin.

Quand nous quittons la table, Mrs Parker Bowles me demande si j'aimerais emporter à la maison le reste des petits gâteaux. Je réponds :
– *Non, ça ira, merci.*

Sur un regard du prince Charles, elle réitère son offre, et l'intendant arrive bientôt avec les fameux biscuits. Mais lorsque Camilla s'aperçoit qu'ils sont au gingembre et non à l'orange, nous devons attendre encore quelques minutes. C'est un moment chaleureux dont je garderai le souvenir.

Avant de nous dire vraiment au revoir, le prince prend le temps de nous présenter certains tableaux, et notre visite s'achève sur une poignée de main, quelques mercis et deux boîtes de biscuits.

Alors que nous marchons vers la voiture, Oliver vient me prendre la main et me demande :

– *Papa, c'était qui le monsieur avec qui on a pris le thé ? Je pensais qu'on verrait le prince !*

Une réplique pareille ne peut qu'être signée de mon fils !

Retour à Soham. Nous sommes invités au presbytère par Tim et sa femme Cathy. J'ai été tellement ému par ma journée que j'en oublie le bénédicité.

Jeudi 5 décembre

Chris accepte ma plainte pour vol contre la banque. On m'attribue consciencieusement un numéro de dossier.

Il discute avec le directeur de la banque et lui demande s'il a mesuré la publicité négative que cela pourrait engendrer si cela venait à devenir public. La situation se retourne immédiatement, et mon compte est crédité. [1]

1. Plus tard, devant les plaintes de nombreuses autres victimes, un coursier du nom de Stephen Kerr sera arrêté et condamné à neuf mois de prison ferme pour vol.

Courant décembre

Nous attendons toujours que Maxine Carr se décide à changer de position.

En effet, mi-décembre, on a annoncé la séparation de Ian Huntley et de Maxine Carr. Ce n'est pas confirmé par la police, mais la nouvelle fait beaucoup de bruit.

Je ne sais pas si Carr a agi sur le conseil de ses avocats, ou parce qu'elle a pris conscience de la dure réalité, mais ça reste un bon présage.

Nos agents de liaison continuent de nous assommer de questions.

Êtes-vous déjà monté dans la voiture de Ian Huntley ?

Avez-vous chez vous un tapis de bain vert ?

Savez-vous où et quand vous avez acheté les maillots de Manchester United pour Oliver et Holly ?

Avez-vous d'autres maillots de Manchester United à la maison ?

Kevin, avez-vous jamais porté votre maillot de Manchester United pendant que vous travailliez sur le site de l'université ?

Ils saisissent tous les maillots de Manchester United appartenant à la famille.

Nous tentons de deviner les réponses en filigrane derrière chacune des questions. Tout nous porte à croire que des fibres des maillots des filles ont été retrouvées. Ça nous fait un peu plus de cartes en main.

Les caméras font partie du paysage à Soham maintenant. Elles vont revenir pour filmer la cérémonie de Noël du campus universitaire.

Nous y avons été invités avec les Chapman. Comme Holly et Jessica ne sont pas allées à l'université, cela nous semble assez inopportun, et nous choisissons de ne pas nous y rendre.

Malgré tout, si nous avions su alors que Natalie Parr, la meilleure amie de Holly, devait y faire une lecture, nous y serions allés quand même pour la soutenir.

C'est la période des couples brisés : il paraît que les parents de Ian Huntley se sont séparés. Ce n'est pas une bonne chose : si le gardien avait dû avouer quelque chose à quelqu'un, ça aurait été à sa mère, et j'ai entendu dire qu'elle était déjà partie pour l'Irlande.

J'ai bien peur que tous nos espoirs d'aveux se soient envolés. Super cadeau de Noël.

Carr a eu un malaise. Au bout du compte, il s'est avéré que c'était simplement un désordre alimentaire. Les mesures d'isolement sont devenues un peu plus souples, et elle peut voir plus de monde. J'espère que cela lui permettra de mesurer ses actes.

Le premier Noël sans Holly se rapproche.

Oliver est perturbé, anxieux. Nous le surveillons de près. Nous voyons bien sa tristesse, quand il regarde des images de Holly à la télévision et dans les journaux.

Je comprends sa détresse. Nous écrivons ensemble nos cartes dans le silence de mon bureau. Alors que nous évoquons l'importance de nous soutenir les uns les autres, je lui demande de faire un effort supplémentaire pour soutenir sa maman ces prochaines semaines. En retour, je lui promets que nous ferons tous les deux la même chose pour lui. En quittant mon bureau, Oliver me prend complètement au dépourvu :

– *Et toi, qui va te soutenir, papa ?*

Dernière déclaration à la presse avant Noël, en accord avec la police :

Merci de vos demandes concernant nos projets pour Noël. Nous n'en avons pas encore, bien que nous pensions passer du temps avec nos familles et nos amis proches. Votre soutien pour préserver notre intimité sera très apprécié.

La presse a respecté notre demande.

Lundi 23 décembre

Nous descendons par East Fen Common, Nicola et moi, afin de nous procurer une couronne pour la tombe de Holly. Un des vendeurs pousse tout simplement notre couronne sur le comptoir, façon discrète de dire que nous n'avons rien à payer. Ça suffit à nous faire craquer et nous nous asseyons dehors un instant pour pleurer.

Nicola a choisi ce soir de rendre visite à la jeune Natalie Parr, la meilleure amie de Holly, et à ses parents. Elle a quelques cadeaux à lui offrir, dont une copie de la cassette sur laquelle Holly et Natalie chantent ensemble et un certificat dessiné par Holly stipulant que Natalie est sa meilleure amie.

En rentrant, nous pensons à tous les amis de Holly et de Jessica, qui eux aussi doivent se sentir bien seuls à l'approche de Noël.

Nicola va mettre Oliver au lit. Quand elle redescend, elle est en plein déni, et cherche tous les arguments qui pourraient laisser penser que Holly est vivante.

Je fais mon possible pour la réconforter, mais elle ne contrôle plus ses pensées. Elle me rappelle notre décision de ne pas voir les photographies du corps de Holly. Pourquoi ne serait-ce pas les corps de deux autres enfants ?

Même les tests ADN ne la convainquent plus. Il y a une chance sur un million qu'ils soient erronés, et pour elle, ça reste une chance, il est toujours possible que l'on retrouve notre petite en vie.

Il lui faut la soirée pour finir par accepter l'inacceptable. Pour nous calmer, nous regardons ensemble de vieilles photos.

C'est important de garder une contenance, vis-à-vis d'Oliver et de la famille, pendant les fêtes. Il nous faut nous mettre les idées au clair. Nous établissons une liste :

Les filles ont quitté la maison ensemble.

C'est aussi ensemble qu'elles ont été aperçues au cours de leur promenade.

Bien que nous soyons incapables aujourd'hui de certifier qu'Holly a demandé la permission de sortir se promener, nous sentons bien qu'il est très probable que cela se soit passé ainsi.

Les témoignages confirment que Holly est restée à l'intérieur des limites de promenade autorisées. Il lui était permis de marcher sans la compagnie d'un adulte seulement si elle était avec une amie.

Holly n'avait pas son téléphone portable avec elle, mais elle savait que Jessica avait le sien.

En tant que parents nous savons que Holly respectait les règles. Nous n'aurions rien pu changer pour éviter ce drame. Les filles étaient simplement au mauvais endroit au mauvais moment.

Holly et Jessica étaient deux jeunes filles communicatives et lumineuses, à quelques semaines de leur onzième anniversaire. Toutes les deux étaient pleines de confiance en elles et dotées de bon sens. Elles étaient issues de familles stables.

Elles appréciaient toutes les deux l'école et avaient un respect extrême pour leurs enseignants de St-Andrew.

Elles ont été leurrées par Huntley, qui a utilisé Maxine Carr et son statut d'assistante des professeurs pour attirer les filles dans la maison. Elles n'avaient absolument aucune raison de craindre cette invitation. Les consignes de mise en garde contre des étrangers n'ont jamais comporté un scénario dans lequel quelqu'un de connu s'adresse à vous et vous veut du mal.

Huntley a menti en disant que Carr prenait un bain, et c'est, j'en suis sûr, comme ça qu'il a obtenu qu'elles entrent dans la maison. Sans ça, elles auraient bien vu que quelque chose ne tournait pas rond, et elles auraient donné l'alarme.

Si elles en ont eu la possibilité, elles se sont aidées l'une l'autre. Je pense donc que le meurtre a eu lieu au premier étage, alors qu'elles ne pouvaient plus partir.

La police a dit que « quelqu'un » affirmait que Holly avait un saignement de nez. Nicola est d'accord avec moi, nous sommes sûrs que ce « quelqu'un », c'est Huntley. Encore une fable pour se protéger au cas où on trouverait du sang chez lui.

D'ailleurs si vraiment Holly saignait, elle serait tout simplement allée chez sa grand-mère qui habite quelques pas plus loin, ou à la limite au centre sportif, mais certainement pas chez Huntley.

Les intentions de ce saligaud étaient purement sexuelles.

Les journaux ont dévoilé son passé et ont montré qu'il avait toujours eu un faible pour les jeunes filles. Il est même dépeint comme une sorte de tortionnaire. Nous nous demandons toujours comment il a bien pu obtenir un poste de concierge dans une école.

Nous savons également que sa relation avec Maxine Carr est terminée, qu'il a essayé d'établir une relation avec une femme de la région, et qu'il est issu d'une famille instable.

Il a une impressionnante capacité à mentir, il l'a prouvé devant les caméras.

Sa Ford Fiesta est très certainement le véhicule qui a été utilisé pour emmener les corps à Wangford. Huntley connaît bien ce secteur, et il l'a choisi délibérément. Rien à voir avec une quelconque maladie mentale.

La police ne recherche pas d'autres suspects.

Maxine Carr n'était pas à Soham le dimanche 4 août.

Il est manifeste qu'elle a menti à la police pour protéger son petit ami de l'époque, elle l'a admis d'ailleurs au sujet de la fraude fiscale. Ça reste incompréhensible pour nous : comment peut-on faire une chose pareille ? Il s'agit quand même de deux enfants qu'elle connaissait ! Pour se protéger, il faudra bien, tôt ou tard, qu'elle coopère avec la police.

Les avocats de Huntley et de Carr travaillent ensemble, partagent leurs informations, et ils sont particulièrement lents dès qu'il s'agit de répondre à n'importe quelle demande de l'accusation.

Les charges contre Huntley s'accumulent de jour en jour, avec l'arrivée des résultats des examens médicaux opérés sur les corps.

Bref. Comme nous sommes parents et témoins, c'est là toutes les informations que nous avons pu réunir.

Le bilan est assez dramatique, mais nous avons les idées plus claires maintenant. Nous pouvons aller nous coucher.

Lundi 30 décembre

Nous allons rencontrer aujourd'hui Jane Judd, un agent littéraire potentiel. Chris et Matt Tapp m'accompagnent.

Je suis inquiet, parce que selon eux je ne pourrai pas signer de contrat, ou recevoir une avance financière qui me permettrait de prendre un congé sans solde pour me consacrer entièrement à mon projet. Toujours la même histoire : je pourrais être témoin au procès, il n'est pas imaginable que je reçoive une avance de caisse avant qu'il soit terminé. Ça m'énerve d'autant plus que d'autres témoins, eux, ont vendu leur histoire à la presse.

Je crois que ça va être compliqué de faire ce livre.

Veille de fêtes. On ne peut pas dire que l'ambiance soit gaie à la maison. 2003 me fait un peu peur.

2003

L'enquête

Dimanche 5 janvier

Cette semaine, Tim Alban Jones était partout dans la presse : il est élevé au rang de membre de l'Ordre de l'Empire britannique[1]. Je n'arrive pas à être content pour lui, il n'a fait que profiter des derniers événements pour se mettre en valeur.

En fait, je suis même ennuyé, parce qu'il a déclaré être heureux d'accepter cette distinction quand même, malgré le chagrin que nous ressentons tous, au nom de la communauté de Soham. Pour moi, c'est déplacé.

C'est aujourd'hui que Nicola part pour les États-Unis, avec Kevin et Donna Paxton Tomb. C'est assez désagréable de la voir partir, mais j'espère que ces deux semaines vont lui redonner de l'énergie.

Matt Tapp, Chris Mead et moi, toujours le même trio, nous avons rendez-vous avec un autre agent littéraire, Sonia Land. Je suis reconnaissant envers Matt pour tout ce qu'il a fait pour moi.

1. Distinction dans la société britannique.

Pour Sonia, il faut que mon livre prenne la forme d'une histoire personnelle. Je la préviens que beaucoup de points de l'enquête doivent rester secrets, et que je ne pourrai donc pas tout écrire. Je pense tout de même qu'on va faire du bon boulot ensemble.

Je me sens seul depuis le départ de ma femme. Je craque quand mon fils monte se coucher. Je suis plein de colère, et il me manque la sagesse, la perspicacité, ou la maturité nécessaires pour la canaliser.

Je n'arrête pas de penser à Holly – elle qui n'est plus là pour rendre ma vie plus douce. Je bois trop aussi, du whisky dès les premières heures du matin. Je ne vais pas tenir très longtemps.

Mardi 14 janvier

Hier, mon père a fait un infarctus. Il est hospitalisé. Il est au plus mal aujourd'hui, et les médecins, avec tout le tact possible, nous ont prévenus que les prochaines vingt-quatre heures seraient cruciales.

Je ne veux pas qu'il meure. Je ne veux pas qu'il meure avant que je lui aie dit ce qui se passe dans ma tête. Je reste à son chevet longtemps et, avant de partir, je lui murmure :

Papa, si je ne te vois plus, je veux que tu me promettes de prendre soin de Holly, quand tu la retrouveras. S'il te plaît, dis-lui qu'elle nous manque énormément et qu'on espère qu'elle va bien.

Je ne sais pas si tu peux m'entendre papa, mais si tu as encore un peu de force dans ton corps, s'il te plaît trouve-la, il faut que tu restes avec nous tous. Tu ne dois pas nous quitter avant que justice soit faite.

Je préfère ne pas parler de ça à Nicola. Je ne veux pas lui gâcher ses vacances.

Mercredi 15 janvier

Je suis content de ne pas avoir paniqué, l'état de papa s'est stabilisé. Il n'est pas encore conscient, mais le cap critique des vingt-quatre heures est passé. Il se peut maintenant qu'il survive.

Comme je travaille à Cambridge, je peux aller le voir à l'hôpital sans trop de problèmes.

Je sais bien que cinq mois déjà ont passé, mais je me sens toujours aussi faible. L'autre jour, j'ai fondu en larmes dans ma camionnette, dans les embouteillages. D'ailleurs, maintenant, je suis incapable de me concentrer. Je conduis comme un éléphant dans une boîte d'allumettes. Je me suis pris le mur de la maison des parents de Nicola. Rien de grave, mais c'est une manœuvre que j'ai toujours réussie auparavant. Je suis ailleurs.

Aujourd'hui, le Crime Prosecution Service [1] a fait état des accusations auxquelles les défendants devront répondre. Évidemment, je l'ai appris par la presse.

1. Le CPS (Crime Prosecution Service) est spécifique au système judiciaire anglais. On désigne par là l'équipe d'avocats (Queen's Counsels ou QC) chargée de représenter l'État face aux accusés, ici Huntley et Carr. Dans cette affaire, c'est Me Latham qui représente le CPS.

Il y a une nouvelle charge contre Maxine Carr : « Tout en sachant que Huntley avait assassiné les deux fillettes, ou commis d'autres actes criminels, [elle] a menti au sujet de ses déplacements, dans l'intention d'empêcher son arrestation et sa poursuite en justice. »

Je ne sais pas ce qui les a conduits à formuler cette nouvelle accusation, mais je suis convaincu que même si elle n'était pas à Soham la nuit du 4 août, elle est mouillée jusqu'au cou dans cette histoire.

Les enquêteurs sont allés trouver Rob et Trudy pour leur demander plus de détails sur la soirée de la disparition. Ils sont embarrassés, forcément, et se demandent ce qu'on leur veut. J'essaierai de me renseigner, mais la police continue d'enquêter, c'est clair.

Quelque chose a été trouvé dans la chaufferie de l'école, et le bâtiment a été bouclé. Tout ce que me dit Chris, c'est qu'il ne s'agit pas d'éléments importants pour la suite de l'enquête. Si c'était le cas, ils pourraient nous en parler, non ? Ça nous empêcherait de nous faire du mouron.

Mais quelques heures plus tard, après avoir consulté sa hiérarchie, Chris revient me voir pour m'expliquer ce qui s'est passé : une mèche de cheveux blonds a été découverte, tressée autour d'une corde. Mais l'examen a montré que les « cheveux » ne sont en fait qu'un morceau de vieille toile de jute. L'affaire est classée, et c'est vrai que je n'aurais pas loupé grand-chose.

En ce qui concerne Rob et Trudy, il m'explique qu'au fur et à mesure que l'enquête progresse, certains points prennent de l'importance, que l'on avait négligés lors des premières dépositions.

Selon lui, on est en train de repenser tout le minutage des événements ce jour-là. C'est très important, et il me donne un exemple :

– *Si tu pouvais me dire à quelle heure précise les filles ont enfilé leurs maillots rouges, nous pourrions pratiquement éliminer tous les témoignages sur ce qui s'est passé avant ce moment-là.*

Il a raison, bien sûr, mais je lui fais remarquer quand même que nous tenir informés serait plus pratique pour travailler ensemble. Je lui fais des reproches, mais je me rends bien compte que ça le rend aussi malade que moi.

Dimanche 19 janvier

Nicola doit rentrer aujourd'hui. Enfin !

Avant son retour, j'ai rendez-vous avec mon conseiller financier, Rob Laws, pour obtenir un prêt sur les deux années que devrait prendre l'écriture de mon livre. C'est une histoire de fous, les conditions de prêt sont intenables. Je n'ai pas le droit de toucher d'autres fonds que ceux qui proviennent de ce prêt avant la fin du procès, alors que celui-ci risque de commencer plus tard que prévu, et que personne ne sait combien de temps il durera. Et puis, si ça tourne mal, il faudra que je rembourse en liquidant ma part de l'entreprise.

Je donne à Rob le synopsis, et il finit par m'accorder le prêt. C'est risqué, mais bon... Je le remercie.

Nicola m'a manqué, mais elle a bonne mine après ces deux semaines de coupure, ça me fait plaisir. Je lui raconte tout ce qui s'est passé en son absence. Le poste de concierge vacant à l'école ne sera pas pourvu ; le gouvernement a débloqué trois millions et demi de livres pour les frais de l'enquête. C'est énorme.

Nous ne pouvons pas nous occuper du certificat de décès de Holly, parce que la date et le lieu de décès ne sont pas encore formellement établis. Ça fait un peu mal au ventre.

Vendredi 24 janvier

Une audience préliminaire doit avoir lieu à Norwich Crown aujourd'hui, pendant laquelle on doit fixer les dates principales du procès.

L'audience préliminaire, pendant laquelle l'accusé doit plaider coupable ou non coupable, aura lieu les 14, 15, et 16 avril 2003 à Old Bailey, et le procès principal aura lieu en octobre. Le jury doit être assermenté le 6 octobre. C'est deux jours seulement après l'anniversaire de Holly, mais ce n'est pas grave. Si le procès commence dans les temps, il sera fini pour Noël. Finalement, le système juridique fonctionne.

Nous assisterons aux séances. Ce ne sera pas facile de faire face à la personne accusée du meurtre de notre fille et de Jessica, mais après tout, si Huntley plaide coupable à cette étape, nous ne reverrons peut-être plus jamais ce gros fils de pute.

Au service des poursuites judiciaires, ils sont soulagés, parce que je ne signerai pas de contrat pour mon livre, mais ils tiennent absolument à ce que je respecte encore un certain nombre d'autres règles :

1. La police pourra m'aider concernant les dates et les heures de n'importe quel fait, sauf ceux me concernant directement.
2. La police ne pourra pas me fournir de détails sur d'autres témoins, ou sur ce qu'ils ont dit.
3. La police ne peut divulguer de détails sur les résultats médico-légaux.
4. Je ne dois pas tenter de discuter de l'enquête avec d'éventuels témoins.
5. Le ministère public a le devoir d'informer la défense sur le fait que j'ai l'intention d'écrire un livre.
6. Si je suis appelé à la barre pour donner des preuves, la défense peut m'interroger sur mon livre, et sur mes éventuels intérêts financiers.
7. Une fois informée de l'existence du livre, la défense peut chercher des révélations dans toutes mes notes ou mon manuscrit, en plus de mon témoignage.
8. Si la défense veut « la divulgation de documents de tiers », c'est-à-dire en l'occurrence mon livre, le ministère devra la soutenir.
9. Toute publication d'éléments avant la fin du procès peut être considérée comme une atteinte à la loi de 1981 sur les outrages à la cour.

J'ai simplement voulu écrire un bouquin sur ma fille, et j'ai créé un champ de mines. Comment la défense peut-elle avoir accès à mes notes ? Si je n'avais pas besoin de l'aide de la police pour rassembler des informations, je dirais à tout le monde que j'ai renoncé à mon projet, et je le ferais en douce.

Je me demande si je fais bien de me lancer là-dedans. De toute façon, comme je suis tenu à l'écart de toutes les informations, ça ne pose pas tellement de problèmes pour l'instant.

La défense a déjà fait savoir clairement qu'elle ne serait sans doute pas prête pour le 6 octobre 2003. Et puis, selon un membre de l'équipe médico-légale, la procédure ne reposera que sur 10 % des faits récoltés. Tout ça au nom de l'impartialité. Je commence à en avoir assez.

Lundi 27 janvier

C'est l'anniversaire de Nicola. Comme Noël, comme l'anniversaire de Holly, ça va être un moment difficile à passer.

On a fait un montage photographique de Holly. Au début, c'était pour nous changer les idées, puis c'est devenu un supplice : trois longues heures à nous plonger dans des souvenirs douloureux. Nous choisissons ce que nous allons exposer dans la vitrine d'hommage que nous avons installée dans notre salle à manger. Il y a son équipement de majorette, une photo d'Oliver en compagnie de David Beckham, et la dernière photo des deux filles.

Jeudi 6 février

Au début du mois, nous avons appris que la rupture des deux accusés ne signifiait pas que Maxine Carr était prête à dire la vérité. Au contraire, on croit maintenant qu'elle a agi sur le conseil de ses avocats – un stratagème légal au sein d'un jeu légal.

Nous désespérons de trouver un semi-équilibre dans nos existences. 98 % des couples dont un enfant a été assassiné se séparent. Je n'ai aucun moyen de vérifier ces statistiques, mais comme aucun de nous deux ne fait porter à l'autre la responsabilité de la tragédie, j'espère toujours que l'on fera partie des 2 % qui restent.

Comment se comporter en parents avec l'enfant qui survit à un drame pareil ? Notre attention a été un peu détournée d'Oliver, parce que nous nous sommes inquiétés pour mon père. Nous avons tout de même remarqué que depuis Noël, il est exceptionnellement calme. Quelque chose le tracasse et nous ne parvenons pas à le faire parler. Plus jamais il ne parle de sa sœur, et nous ne savons pas trop comment le prendre.

Nos agents de liaison nous demandent si nous voulons participer à un documentaire pour la BBC avec la police. Alors comme ça, les forces de l'ordre vont travailler avec les médias avant le procès ? Il va falloir qu'on m'explique la logique de tout ça.

Stewart et Chris diront à leurs supérieurs que nous ne voulons pas y participer, mais les réalisateurs du documentaire vont tenter de pousser notre entourage à le faire. Du moins nos agents nous disent-ils qu'ils refuseront de témoigner en tant que délégués de la famille. C'est déjà ça.

J'ai accepté une invitation de Matt Tapp pour aller voir jouer Arsenal, nous sommes tous les deux fans de foot. Mais pour Chris et Stewart, assister à ce match, ce serait prendre le risque d'être reconnus, filmés et photographiés, ce qui conduirait inévitablement à une forme de publicité. Les gens pourraient s'interroger, se demander comment les places ont été payées. Maintenant que l'instruction a commencé, cela peut nous décrédibiliser. La défense et son aspect « tout vu tout su » peut nous demander de rapporter exactement notre conversation. J'imagine :

– *Est-ce que Thierry*[1] *a fait une bonne passe ou est-ce qu'il était hors-jeu ?*

Ce serait effectivement très pertinent pour établir ou non la culpabilité de Huntley et de Carr.

Je voulais juste assister à un match de foot.

1. Thierry Henry, bien sûr.

Mercredi 12 février

Stewart et Chris sont venus avec moi à Londres aujourd'hui pour aller voir mon agent littéraire Sonia Land. Elle accepte de se soumettre aux conditions du Crime Prosecution Service, aucun contrat ne sera conclu avant la fin du procès.

Ça me fait plaisir que mes agents de liaison soient venus avec moi. Ils s'impliquent personnellement, et c'est rassurant de se sentir soutenu. Comme une alerte à la bombe retarde le départ de notre train, nous allons boire un verre tous les trois, pour discuter.

J'apprends ainsi que Tim Alban Jones est en train d'organiser une cérémonie commémorative, pour plus tard dans l'année, soi-disant afin de répondre aux attentes de la communauté. Nous nous lançons dans une grande discussion pour savoir si cette action va simplement attirer les médias comme d'habitude, ou si cela peut, oui ou non, servir la défense.

Chris et Stewart, eux, pensent que cela va surtout servir la gloire personnelle de Tim, nettement plus en tout cas que les besoins de la communauté. C'est un peu brutal comme affirmation, mais ils n'ont peut-être pas tort.

Il y a vraiment des enfoirés. Quand je rentre, Nicola me montre une compétition organisée sur Internet. Le prix serait les maillots rouges de Holly et Jessica. C'est censé être de l'humour, mais ça ne nous fait pas vraiment rire.

Mardi 25 février

Pendant le déjeuner, Stewart et Chris nous disent de ne pas nous attendre à ce que la défense rende les témoignages susceptibles de prouver l'innocence de Huntley pour la fin du mois. Il y a encore beaucoup de tests médico-légaux en cours [1].

Il nous donne aussi des informations qu'on nous avait toujours dissimulées. Par exemple, aucun cheveu de Holly ou de Jessica n'a été trouvé sur le tapis de Huntley. Nous nous attendions pourtant à trouver enfin de vraies preuves grâce à ce tapis. La maison du concierge et sa Ford Fiesta ont été passées au peigne fin.

C'est évident, Huntley et Carr ont maquillé les traces, j'espère que ça sera prouvé au cours du procès. Mais si vraiment ils ont tout parfaitement nettoyé ? J'ai peur que ce ne soit pas très efficace d'expliquer à la cour qu'ils sont coupables parce que leur maison est trop propre. Ce sont des preuves solides qu'il nous faut maintenant.

1. L'autopsie n'ayant pas permis de déterminer la cause du décès, de nombreux autres examens ont été effectués.

Ils ont un temps d'avance, les cartes qu'ils ont en main sont meilleures que les nôtres. Il va bien falloir trouver un moyen d'inverser la donne.

Les recherches médico-légales avancent bien lentement : l'aspirateur de Huntley n'a toujours pas été fouillé pour y trouver des cheveux ou des fibres. De plus, comme il était gardien, il a pu utiliser un aspirateur de l'école, ce qui en fait en tout quarante-sept à inspecter !

Et puis, ces histoires de retard, c'est aussi dû au fait que l'avocat de Huntley, Me Coward, s'est cassé une jambe au ski. Cela peut avoir des incidences sur la date de début du procès ; il demande déjà un délai de quatre semaines. Nos agents de liaison ont beau nous dire que cela n'arrivera pas forcément, une fois qu'on met les pieds dans ce bourbier, on commence à penser comme un juriste, et on se méfie.

Je ne peux m'empêcher de me demander pourquoi un avocat ne serait pas en état d'assurer ses fonctions avec une jambe cassée. Il ne pourra peut-être pas se rendre à la cour, mais qu'est-ce qui l'empêche d'étudier les preuves, ou encore de parler aux experts ?

Nous imaginions le procès comme le moyen de découvrir la vérité. J'ai bien peur que nous nous soyons trompés.

Mardi 4 mars

Un vitrail en l'honneur de Holly et Jessica a été installé à l'école St-Andrew. On y retrouve plusieurs éléments symboliques : l'eau, en référence à la passion pour la natation de Jessica, des notes de musique pour Holly, et deux oiseaux, en référence au lâcher de colombes de l'année dernière.

Nous sommes allés le voir avec les Chapman. Nous avons tous été très touchés.

Mercredi 5 mars

Ils ont enfin pris la décision d'abandonner l'idée du documentaire, je me sens soulagé.

Aujourd'hui, j'ai envie d'aborder un sujet vraiment personnel : pendant ces sept derniers mois, nous avons multiplié les expériences spirituelles.

Ça arrive presque toujours à la maison. Quand Holly « revient », nous sentons vraiment sa présence, c'est une sensation étrange, nous ne pouvons ni la voir ni la toucher, mais elle est là.

Depuis août 2002, j'ai dû remplacer quinze ampoules. Elles ont toutes explosé quand nous sentions la présence de Holly. La télé s'allumait et s'éteignait toute seule, avec une régularité effrayante. C'est arrivé aussi avec la cuisinière.

Il y a aussi *Angels* de Robbic Williams qui nous suit, c'est comme si le morceau se lançait tout seul. Ça arrive surtout quand nous nous sentons faibles, sur le point de craquer. Exemple : un jour, en rentrant de l'hôpital où j'étais allé au chevet de mon père, j'ai allumé la radio. Je suis tombé directement sur ce morceau. Une fois, c'est sans doute dû au hasard ; mais cela arrive tout le temps.

Il est arrivé aussi que la chaîne stéréo de notre chambre s'allume toute seule, sans aucune raison, comme si Holly essayait de nous atteindre par son intermédiaire. Les deux premières fois que c'est arrivé, Nicola dormait, j'avais l'impression que c'était moi qui devenait fou. Mais la troisième fois, elle était avec moi, et elle a vu aussi ce qui se passait.

Il n'y a pas qu'auprès de nous que Holly se manifeste. La sœur de Nicola a dit qu'elle avait vu son image apparaître à la fenêtre de notre chambre à coucher. Ses parents ont répondu plusieurs fois à la sonnette de leur porte, et il n'y avait personne. Or leur sonnette est cassée depuis longtemps, et ce n'était pas le son habituel.

Dimanche 9 mars

Il m'est arrivé quelque chose, ce soir. Quand Nicola est montée se coucher, je suis resté en bas pour lire *Jonathan Livingston le goéland*, de Richard Bach. C'est un livre court, mais édifiant, qui offre une nouvelle perception de la mort. Ça reflète exactement ce que je ressens ce soir. J'accepte l'idée que Holly soit en train de faire l'expérience d'un monde différent et je prie à haute voix. J'espère qu'elle sera heureuse là-haut. Je vais me coucher avec une certaine harmonie intérieure, je suis rassuré pour ma petite fille. C'est la première fois depuis sa mort.

Lundi 10 mars

6 h 15. Je charge ma camionnette pour aller nettoyer des vitres à Cambridge. Une mouette solitaire est perchée sur le toit de la maison d'en face. Je ne peux pas m'empêcher de penser à ce que j'ai lu hier soir. Pour charger le van entièrement, il me faut faire au moins quatre voyages, et pendant tout ce temps l'oiseau ne m'a pas quitté des yeux. Il reste immobile et en silence, en suivant chacun de mes mouvements. Je trouve que c'est une coïncidence touchante. Je monte dans la camionnette, il n'a toujours pas bougé.

Sur le pare-brise, à l'extérieur, il y une plume de mouette. Je défais ma ceinture de sécurité pour la récupérer. L'oiseau choisit le moment précis où je la saisis pour s'envoler. Je murmure :

– *Bonne vie, Holly.*

Je retourne à la maison pour mettre ma trouvaille dans la vitrine. Sur la route de Cambridge, je n'arrête pas de réfléchir à ce qui vient de se passer. Ça me fait penser à Dennis. Peut-être qu'il pourrait vraiment entrer en contact avec elle ? Il va falloir que je l'appelle.

Mercredi 12 mars

Aujourd'hui, nous allons visiter Old Bailey. Dieu merci, il n'y a pas de journalistes. Nous pouvons prendre notre temps pour nous habituer à cet environnement. Nous visitons le bâtiment général avec les cellules dans lesquelles Huntley et Carr seront retenus pendant le procès. Tout sera fait pour qu'ils ne puissent pas communiquer.

La salle en elle-même est petite, ce que je trouve assez surprenant. J'observe bien les lieux, là où les témoins, l'équipe judiciaire et les accusés seront assis dans quatre semaines.

Je ne suis pas violent, mais quand je m'aperçois que malgré la vitre du banc des accusés je pourrais frapper Huntley, ça me fait quelque chose. Je sais que je ne le ferai pas. Mais quand même...

Sur le trajet du retour, Nicola parle à Chris de notre intention de consulter un psychologue pour parler d'Oliver et partager nos observations. Nous devons bien ça à notre fils.

Fin mars

En raison de ses tendances suicidaires, Huntley a été placé sous surveillance permanente. Comprendrait-il enfin que des preuves accablantes pèsent contre lui ? Si ça le stresse à ce point, tout ce que je peux penser, c'est que c'est « bien ».

Un journal local a publié plein de nouveaux éléments sur l'affaire. Le livre de condoléances sur Internet est clos maintenant, avec plus de deux cent mille messages du monde entier. Quand le site a été ouvert, les messages arrivaient à raison de un toutes les deux secondes.

Nicola a rencontré un médium, Honor, qui ne l'a pas reconnue quand elle est entrée.

Honor a vu qu'elle avait un guide spirituel qui la protégeait. Un boxeur, un certain Joe. Il a vu aussi deux fillettes, dont une petite blonde avec des yeux bleus magnifiques. Il n'a pas pu retrouver son nom, mais a dit qu'elle avait un chat du nom de Bits, or Holly a eu un chat qu'elle adorait et qui s'appelait Bitsy. Selon Honor, les deux petites sont heureuses.

Quand Nicola a raconté à la famille ce qui s'était passé avec le médium, sa mère a fondu en larmes. Elle nous a expliqué qu'elle avait eu un oncle boxeur, qui s'appelait Joe. Il avait élevé huit filles seul. C'est bien qu'il protège ma femme.

Nous recevons toujours nos réglementaires coups de fil bizarres. Un jour que nos agents de liaison étaient à la maison, notre emmerdeur habituel, Mr Westgate, a téléphoné. Pas de chance pour lui, je connais tellement bien sa voix que j'ai simplement passé le téléphone à Chris. Il a écouté attentivement les délires tordus du type et a pris des notes. Ça a duré un bon quart d'heure.

J'ai rappelé Dennis Mackenzie, il est venu à la maison.
– *Pourquoi n'avez-vous pas demandé à me voir avant ?* a-t-il demandé. *Je suis entré en contact avec Holly plusieurs fois ces derniers mois.*

Il insiste pour qu'Oliver aille se coucher avant de donner plus de détails. Avec Nicola, nous nous sommes préparés à cette rencontre. Nous avons décidé de ne rien dire à Dennis sur l'avancée du procès.

Il nous prie de nous relaxer, puis demande à Nicola si elle accepterait de se faire hypnotiser. Elle accepte.

Très vite, la température dans la maison augmente de façon impressionnante, alors qu'il fait vraiment froid dehors. Nous devons enlever nos pulls et éteindre le chauffage. Il nous explique que cela arrive régulièrement, et que c'est dû à la grande quantité d'énergie qu'il libère. Il ajoute qu'il est capable de contrôler une partie de cette énergie, et pour le prouver me demande de me placer debout au centre de la pièce.

J'ai l'impression de recevoir dans mon corps une véritable boule d'énergie, je suis secoué. Ce type est extraordinaire. J'ai besoin qu'on fasse une pause, je suis en surchauffe. Je sors de la maison et reste dehors une bonne vingtaine de minutes, par moins trois degrés, torse nu.

Dennis utilise ce qu'il appelle un guide spirituel pour entrer en contact avec l'autre monde. D'ordinaire, il en a deux : Nuage Blanc, un Indien, qu'utilisent aussi d'autres médiums, et Jagna, une Allemande.

Je prends un stylo et du papier pour tout noter. Il commence :

– *Les journées de shopping avec sa mère manquent terriblement à Holly, tout particulièrement les expéditions dans son magasin préféré, Next. Elle dit qu'elle va bien, qu'elle s'amuse beaucoup, et passe le bonjour à Olls. Elle insiste, elle dit Olls, et non pas Oliver. Holly sent qu'Oliver l'a « vue » huit jours après sa disparition.*

Je suis impressionné, une fois de plus. Next était le magasin préféré de Holly, elle y allait avec Nicola quand elles faisaient du shopping. Olls, c'était le surnom de Holly pour Oliver. Personne d'autre ne l'a jamais utilisé. Et puis, si Dennis avait voulu deviner le surnom d'Oliver, il l'aurait sans doute appelé Olly.

Malgré tout, Oliver nous dira le lendemain que non, il n'est pas entré en contact avec sa sœur.

Poursuivons :

– *Holly dit qu'elle n'a ressenti aucune douleur et que vous ne devez pas vous préoccuper de l'état de son corps au moment où elle a été retrouvée. Nicola, Holly aimerait que tu portes le pendentif qu'elle portait le jour du meurtre. Elle sait bien que c'est un pendentif de trois fois rien, mais elle aimerait que tu le portes quand tu peux. Elle dit aussi qu'elle est ok pour le déménagement.*

Cette histoire de déménagement non plus, il ne pouvait pas être au courant. C'était justement le débat de la journée, et avec Nicola, nous étions d'accord pour changer la place des meubles à la maison plutôt que de déménager.

Le plus difficile vient ensuite, quand ce que dit Dennis nous confronte à ce qui s'est passé chez Huntley.

– *Holly dit qu'elle est morte après Jessica, et qu'elles ont été étranglées. Vous ne trouverez aucune trace de sang dans la maison, bien que la lèvre supérieure de Holly ait été coupée durant la strangulation.*

Cela correspond bien aux suppositions de la police.

J'ai toujours eu la conviction, à cause de mes cauchemars, que Holly avait vu son amie mourir. Mais Dennis continue :

– *Holly et Jessica sont mortes avant 8 heures du matin. Un autre homme est impliqué, il a déplacé les corps. Ils ont d'abord été cachés dans une réserve à l'école.*

Nous savions avant que Dennis nous le dise que les filles n'étaient déjà plus en vie à 8 heures du matin, à cause de l'analyse du contenu de son estomac. Nous savons aussi que Carr n'était pas à Soham, il est donc plausible que quelqu'un d'autre ait aidé Huntley à déplacer les corps.

Mais, malgré tout, de telles affirmations font mal : nous ne pouvons pas imaginer qu'on ait pu traiter les corps de cette façon, comme de vulgaires sacs de patates.

Dennis ajoute que Holly s'est tenue à notre chevet plusieurs fois, qu'elle ne veut pas que nous soyons trop tristes, et qu'il faut nous concentrer sur nos meilleurs souvenirs. Alors, cette sensation de présence, ça serait vrai ?

En réponse, nous transmettons tout notre amour et nos meilleurs souhaits. Dennis envoie le message, mais nous avons quand même besoin de lui dire à voix haute à quel point elle nous manque.

Mais la séance ne s'achève pas ainsi. Dennis est toujours en contact avec Jagna. Il mentionne deux dates. J'y reviendrai.

Pour la fête des Mères, on a décidé de ne pas rester à la maison. Ça a été encore un moment difficile – Holly dessinait toujours une jolie carte et se creusait la tête pour trouver des cadeaux.

Nous sommes partis sur la côte est, et avons fait de longues promenades pour nous détendre. Nous étions angoissés en pensant aux auditions qui approchaient. Aucune envie de se retrouver sous le feu des médias à nouveau.

La déposition de la défense, qui devait avoir lieu le 31 mars, aura finalement lieu le 11 avril 2003. On ne nous a donné aucune explication.

Il paraît malgré tout que l'enquête avance et que les résultats médico-légaux ont donné de nouveaux éléments concernant l'endroit où on a retrouvé les corps.

La police a refusé de fouiller le fleuve pour y chercher le portable de Jessica – je voulais qu'ils le fassent parce que Dennis Mackenzie avait ressenti à cet endroit là quelque chose concernant un téléphone. Ils disent que ça n'ajoutera pas grand-chose à l'instruction, et que cela risque d'attirer les médias, que nous fuyons depuis que la défense crie au procès inéquitable au moindre article dans la presse.

Vendredi 11 avril

Trouver des places assises au tribunal est un vrai problème. La salle est petite, et j'ai appris il y a deux jours que les deux rangées de devant sont toujours réservées pour l'administration londonienne. Résultat, notre famille et nos amis ne pourront pas s'asseoir. Et nous, nous devrons rester au fond de la salle, plutôt que de faire face aux accusés. Tout ça pour que Mr Truc et Mrs Bidule, dont les places ont été réservées, puissent à leur guise bayer aux corneilles.

La défense a tout fait pour ralentir la procédure, mais il paraît que maintenant elle est prête à jouer le jeu. J'espère que ça veut dire que, malgré tous leurs efforts, ils n'ont aucun nouvel élément. Huntley a fini par faire sa déposition aujourd'hui. Je crois que tout le monde a été choqué par la pauvreté des informations qu'ils ont données. Attendre si longtemps pour ça !

Bref, voilà de quoi il en retourne :

1. *L'accusé n'a pas tué Jessica Chapman, ni Holly Wells.*
2. *L'accusé les a vues et leur a parlé le 4 août 2002 chez lui, et les a vues la dernière fois entre 18 h 15 et 18 h 30 dehors, devant chez lui.*

3. *L'accusé n'a pas déplacé les corps, ni pris part à l'opération.*
4. *L'accusé n'a pas dissimulé les vêtements des victimes, ni pris part à l'opération.*

Aucun autre détail. Tout ce que nous montre la police, c'est ce résumé. Huntley plaidera non coupable.

Quand la douleur est trop forte, on se tourne vers Dieu. Je vais à l'église trois fois par mois, et Nicola ne peut plus dire que c'est par amitié pour Tim Alban Jones maintenant. Elle sait bien que son comportement m'a blessé.

Comme elle ne me fait plus de remarques désobligeantes, je peux m'y rendre en paix.

J'ai parlé à Tim du problème que m'avait posé cette histoire de distinction, le fait qu'il devienne membre de l'Ordre de l'Empire britannique. Il s'est excusé et a dit qu'il ne ferait rien qui puisse nous causer des ennuis. Il m'a dit aussi qu'on allait la lui remettre le 12 juin.

J'ai accepté ses excuses. Il faut bien qu'on se mette d'accord, on va encore devoir, dans les mois à venir, se serrer les coudes face aux médias.

Samedi 12 avril

L'exposé des faits au tribunal va avoir lieu aujourd'hui.

Ces derniers jours, nous ne pouvons plus dormir du tout.

Stewart et Trudie sont passés nous chercher à 7 heures ce matin. Oliver a préféré rester à la maison.

La police s'est entendue avec la presse. Sur le chemin vers Old Bailey, nous posons quelques instants pour une photo de groupe et en échange, nous ne serons pas poursuivis par les paparazzi.

La police de Londres nous accompagne sur les deux cents derniers mètres. Les journalistes nous regardent en silence. Je suis en train de trembler.

11 heures. Nous arrivons dans la salle d'audience n° 1, la nôtre, et allons nous asseoir au premier rang, exceptionnellement. On nous a expressément demandé d'être attentifs à notre comportement et de ne pas dire quoi que ce soit à l'arrivée de Huntley et de Carr. Il va falloir se contenir. Si tout se passe bien, on pourra peut-être bénéficier de ces sièges à nouveau.

Tout est prêt : médias, avocats, quelques simples spectateurs. Je reconnais beaucoup de journalistes. Ce n'est pas la première fois que l'on se croise, ils ont suivi toutes les conférences de presse.

Je sens un remous dans la salle : les avocats de Huntley ne sont pas là. Je m'inquiète. Est-ce qu'il est malade, ou est-ce qu'il fait encore semblant de l'être ? Est-ce qu'il s'est brouillé avec ses avocats ? Est-ce qu'il a décidé de plaider coupable ?

11 h 20. Les avocats de Huntley arrivent enfin.

Le juge va prendre place, et tout le monde se lève pour le saluer.

Huntley et Carr vont s'asseoir. Plusieurs policiers se tiennent debout entre eux deux, pour éviter toute interaction. Elle a commencé par le fusiller du regard, et puis leurs yeux ne se sont même plus croisés.

Me Coward, qui vient d'arriver, s'excuse : le train de l'un des avocats de la défense a été annulé, d'où leur retard. Je n'y crois pas. Deux familles dont les enfants ont été assassinées sont restées à les attendre vingt bonnes minutes en imaginant les pires choses possibles, tout ça à cause d'un putain de train ? Ça leur aurait fait mal de prévenir ?

Ce n'est pas un super présage pour la suite du procès...

Je donne la main à Nicola. Elle tremble encore. La dernière personne à avoir vu ou touché Holly est assise là, à quelques mètres de nous.

Le greffier énonce les charges. Il commence par celles concernant Huntley, et sa voix est brisée par l'émotion. Il lui faut plus de temps pour lire le réquisitoire que je ne l'imaginais. Il faut dire que tout est répété deux fois, une pour Holly, une pour Jessica.

Huntley se déclare non coupable pour les deux accusations de meurtre. Il n'a pas plus d'un filet de voix. Mais il plaide coupable en ce qui concerne la conspiration et le fait d'altérer le cours de la justice.

Surprise. Les gens se regardent.

Carr, elle, plaide non coupable de complicité et d'entrave à la justice. C'est ça.

Il y a quand même une chose intéressante, c'est que leurs défenses sont contradictoires.

Ensuite, on demande à tous les témoins potentiels de bien vouloir quitter la salle. En sortant je suis passé vraiment très près de Ian Huntley. Tout ce qui nous sépare, c'est la vitre de protection. Je le regarde droit dans les yeux, et il détourne la tête, il se passionne pour ses pieds. Je n'oublierai jamais ça. J'ai l'impression de regarder un type complètement englué dans la culpabilité. C'est pour ça qu'il ne peut pas affronter mon regard.

On nous emmène dans une pièce réservée aux témoins, précisément pour ce genre de circonstances, dans laquelle nous nous retrouverons souvent.

Nous discutons du calcul de Huntley, de s'avouer coupable d'un moindre crime. Qu'espère-t-il gagner ainsi ?

Nous sommes rejoints quelques minutes plus tard par nos avocats, Mes Richard Latham et Karim Karil. Ils nous promettent de nous tenir informés. Ça serait une bonne chose, ça nous changerait. Nous sommes soulagés aussi, parce qu'ils nous confirment qu'Oliver n'aura pas à témoigner.

Latham dit que jamais, en quinze ans de carrière, il n'a vu la police du Cambridgeshire s'investir à ce point dans une affaire. Il semble convaincu que nous obtiendrons gain de cause.

À midi, nous avons besoin de nous détendre. Nous allons déjeuner au pub avec nos agents de liaison, avant de rentrer en train.

Pendant que nous finissons de manger, un client lance le juke-box et choisit *Angels*. Nous restons silencieux.

Nous nous sentons assez proches de nos agents de liaison maintenant pour leur expliquer ce que la perte de Holly signifie vraiment pour nous. Nous voulions lui donner l'éducation et les chances que nous n'avions pas eues. Nous avions commencé à économiser pour ses études. C'est un rêve qui part en poussière.

Encore une alerte à la bombe sur le chemin du retour. Les dieux des trains sont contre nous. Nous passons un temps fou dans les gares. Partout dans les kiosques à journaux, des photos de Holly et de Jessica.

Fin avril

Nous avons besoin de faire un break, et nous partons passer quelques jours en Écosse chez mon cousin Fergus.

Archie Steel est là aussi, et je suis toujours aussi ému quand il joue de la cornemuse.

Nous recevons un appel inquiétant pendant notre séjour. À Londres, Latham a été attaqué : il est blessé sérieusement au visage, et a peut-être une fracture du crâne. Gary Goose, le coordinateur des agents de liaison, a été frappé à la tête avec un tournevis.

La police ne pense pas que les deux affaires aient un lien entre elles, ni avec le procès, mais ils peuvent toujours se tromper. Nous avons déjà reçu tellement de lettres de menaces – et si nous étions les prochains sur la liste ?

Nous avons autorisé les forces de l'ordre à fouiller notre maison en notre absence. Je suppose qu'ils cherchent encore des fibres ou quelque chose comme ça, mais je me demande quand même ce qu'ils sont en train de nous cacher.

Le ministère public doit instruire la majeure partie de l'affaire le 30 juin. Les choses sérieuses vont commencer, des preuves seront soumises à examen.

Comme le procès est prévu pour octobre, cela laissera juillet, août et septembre à la défense pour digérer toutes les informations et pour s'organiser.

Nous devrons nous rendre parfaitement disponibles entre le 6 octobre et le 31 décembre, parce qu'on peut nous demander de comparaître n'importe quand, et puis je veux assister aux séances.

Nous espérons que les preuves que nous avançons seront acceptées par les avocats de la défense.

Mardi 6 mai

Il y a une vidéo de la CCTV qu'Oliver doit visionner pour essayer d'identifier un mystérieux cycliste, filmé le 4 août 2002 devant le centre sportif. La police ne pense pas que l'on puisse en tirer quoi que ce soit de bien important, mais veut classer l'affaire.

Nous avons demandé à notre fils s'il voulait le faire seul à la maison, avec des amis, ou dans le cadre de l'école. il a choisi la troisième option, pour montrer son besoin d'être traité comme tout le monde.

Nous sommes fiers de lui, il n'a jamais cherché de dispense spéciale, est allé à l'école tous les jours depuis que c'est arrivé. Il est toujours plus calme, plus réservé que d'habitude, mais c'est sa façon de faire face à la situation.

À son retour de l'école, nous lui demandons comment s'est passée la projection :

– *J'ai pas vu le film, papa*, a-t-il répondu. *Le prof m'a fait sortir de la salle, j'ai dû rester dehors. Je me suis senti con.*

L'incident l'ennuie, et je le comprends. Il fait tout son possible pour avoir une vie normale, et c'est son prof qui l'en empêche. La police nous donnera une copie de la vidéo, il pourra le voir quand même, mais le mal est fait.

Mercredi 7 mai

La vie à Soham reprend doucement son cours habituel. D'une certaine manière, la communauté compte moins pour nous maintenant, même si nous sommes toujours reconnaissants pour le soutien que l'on nous apporte. Nous sommes concentrés sur le procès.

Malgré tout, nous nous intégrons de nouveau, progressivement, dans la vie de la commune : nous sommes allés quelques fois manger au *Sergio's*, et j'ai assisté au repas annuel des gardes forestiers de Soham.

Avec ma femme, nous sortons le soir pour des promenades, et nous parlons aux gens que nous rencontrons. Les gens nous racontent comment ils ont fait de leur mieux pour éviter les médias.

Margaret Bryden, qui avait arrêté de travailler après les événements, a repris son poste.

Je lui avais rendu visite dès que j'avais compris pourquoi elle ne travaillait plus, à la fin de l'année dernière. Elle s'en voulait d'avoir engagé Huntley, elle se sentait responsable.

Pour elle aussi, j'espère que le procès apportera des conclusions claires, pour lui permettre d'avancer.

Jeudi 15 mai

Tim Alban Jones a vu Matt Tapp à Soham avec une équipe de télévision.

J'appelle tout de suite Chris pour avoir des explications, j'ai peur d'un coup foireux, mais il me rassure vite. Ils sont juste en train de préparer un film de prévention pour les enfants. Le tournage est autorisé par la police.

Pourquoi n'ai-je pas été prévenu ? Et puis est-ce qu'il est vraiment nécessaire de tourner ça à Soham ? Il y a plein d'endroits en Angleterre ou deux petites filles n'ont pas été tuées l'année dernière, et où ce serait moins douloureux...

Je sais qu'on va croire que je suis devenu bizarre, mais il y a plein d'événements qui m'interpellent en ce moment. Par exemple, l'équipe de foot de Soham a éliminé le maillot portant le numéro quatre, parce que les joueurs qui le portaient se faisaient injurier.

Dans l'imaginaire collectif maintenant, le quatre, c'est une allusion au 4 août 2002. Mais pour moi ce n'est pas seulement un chiffre négatif ; c'est aussi le jour de l'anniversaire de Holly en octobre, ou encore le numéro de notre maison dans la rue.

Ils ont remplacé le numéro quatre par le dix-sept. On a retrouvé les corps de Holly et Jessica le 17 août 2002. Il ne suffit pas d'être superstitieux. Il faudrait aussi être logique.

Vendredi 23 mai

Nous avons reçu aujourd'hui un coup de fil de Frank Murphy, le psychologue de l'éducation du Cambridgeshire, et ça me fait penser que je n'ai pas parlé de lui.

Nicola était allée le voir, parce qu'on avait besoin de l'avis d'un professionnel pour le soutien d'Oliver. Il avait confirmé ce que nous pensions : il aurait fallu dès le début lui dire la vérité. Il fallait être direct avec lui.

Frank travaille en étroit contact avec l'équipe de l'école, et il m'assure qu'ils ont constamment un œil sur Oliver – même s'ils n'ont pas assuré avec l'histoire de la vidéo.

Nous sommes très proches de l'une des professeurs d'Oliver. Alice, sa fille cadette, avait l'habitude de jouer avec Holly, et elles allaient ensemble à l'école tous les matins. Elle nous préviendrait tout de suite si notre fils avait un problème.

Lundi 2 juin

Fin mai, la mère de Maxine Carr a été arrêtée, car elle est accusée d'intimider un témoin, qui a porté plainte contre elle. Ce qui m'inquiète, c'est que si Maxine est comme sa mère, il n'est pas gagné qu'elle se rende compte de son erreur. On avait beaucoup tablé là-dessus.

Aujourd'hui Chris nous a fait un point sur les avancées de l'enquête. Nos avocats [1] auront sans doute accès à tous les documents concernant l'enquête d'ici la fin de la semaine.

Le procès commencera certainement en temps et en heure. Tout ce qu'il nous reste à faire, c'est nous asseoir et attendre.

Nous nous disons qu'il faut absolument que nous ayons quelque chose de prévu pour l'après-procès, pour que la vie continue, et nous réservons un voyage

1. Lorsque l'auteur parle de ses avocats, il faut comprendre qu'il s'agit de ceux du Crime Prosecution Service, qui représentent l'État.

en Nouvelle-Zélande pour janvier 2004. C'est un geste important. Ce que nous essayons de faire, c'est de reprendre le contrôle de nos vies. Nous en avons besoin.

Lundi 9 juin

Ce n'est pas si facile de reprendre le contrôle de son existence.

Ce matin, à 1 h 17, je me suis réveillé en sursaut avec un très mauvais pressentiment. J'ai réveillé Nicola et inspecté la maison, à la recherche de voleurs. J'ai vérifié les portables pour voir si nous n'avions pas de messages. Rien. Je suis retourné me coucher, finalement, passablement déconcerté.

Quand je suis parti bosser à 6 h 15, ça roulait assez bien en direction de Cambridge, mais j'ai loupé la sortie vers Burwell, et j'ai mis près de deux miles à m'en apercevoir. Un camion a alors perdu son chargement de bois juste devant moi. Heureusement, c'est tombé juste devant la camionnette. Il a quand même fallu que je roule dessus.

En arrivant, je m'aperçois que la roue de la camionnette a été crevée, et je cherche le premier garage. Quand j'en trouve un, il n'est pas encore ouvert. Je me gare en attendant. Quelques minutes plus tard, un autre client arrive et galère pour faire son créneau ; il finit par se prendre le côté de ma voiture. Je me sens un peu abandonné par le dieu des moteurs. Ça risque de ne pas être une super journée.

Pire, j'ai oublié mon portable. Quand je le récupère, il est 10 heures passées, et j'ai deux messages. Chris et Nicola veulent que je les rappelle, ça a l'air urgent.

La police a demandé à Nicola de rentrer rapidement à la maison, et Chris me demande simplement où je suis, ajoutant qu'il va envoyer quelqu'un me chercher dans le centre de Cambridge. Pas bon signe.

Ian Huntley a fait une tentative de suicide ce matin aux premières heures. Chris m'explique qu'il est branché à une machine maintenant, pour un contrôle de vingt-quatre heures.

Ma première réaction, c'est de souhaiter qu'il réussisse son suicide, mais Stewart me rafraîchit les idées :

– *Si Huntley meurt,* dit-il, *vous n'aurez plus jamais la possibilité de voir justice faite pour votre fille.*

C'est vrai. D'autant que s'il reste en vie, nous pourrons avoir accès aux preuves, et que cela ne l'arrange pas du tout. Cette tentative de suicide, c'est un aveu de culpabilité.

Selon Stewart et Chris, ça risque de faire reculer la date de conclusion du procès. Merde, on vient juste de réserver nos vols pour la Nouvelle-Zélande.

Stewart continue :

– *Il se peut aussi que Huntley survive mais dans un état végétatif. Même si la législation existe, et qu'elle permet que le procès ait lieu quand même, il y aura un délai plus long pour y arriver.*

Des trois scénarios, je crois que c'est celui-ci qui m'inquiète le plus. Il ne manquerait plus qu'on le plaigne.

Vers midi, les téléphones n'ont pas arrêté de sonner. Presse, famille, amis, tout le monde voulait avoir des détails, savoir ce qui s'était passé. J'ai eu l'impression de revivre août 2002.

À l'heure du thé, j'ai eu la sensation d'halluciner : Tim Alban Jones est à la télé, il donne des interviews. Mais est-ce qu'il se rend compte qu'il est en train de faire marquer des points à la défense ? Plus il y a de publicité autour de tout ça et plus les avocats de Huntley et de Carr pourront se plaindre.

La police contacte Tim tout de suite pour le sommer d'arrêter. Il s'exécute aussitôt, mais bon, le mal est fait.

Fin de soirée. Les agents de liaison ont obtenu l'autorisation de partager avec nous des informations confidentielles.

Huntley est délibérément tenu inconscient, sa respiration régulée par une machine. Il a absorbé une grande quantité de médicaments pour le cœur.

Son état est stable. Le gardien de prison qui l'a trouvé évanoui dans sa cellule à 3 h 30, a prévenu la police suffisamment rapidement pour que l'assistance médicale puisse être efficace.

Il doit revenir à lui vers 8 heures demain matin.

Ça aurait pu être une grande victoire pour Huntley aujourd'hui, s'il avait réussi à mettre fin à ses jours.

On n'est pas passés loin du drame.

Mardi 10 juin

Huntley a repris connaissance. Il est lucide, et furieux d'avoir échoué.

Il a été ramené dans sa cellule sous l'œil attentif des caméras. Il a été autorisé à garder une couverture sur la tête, pour « préserver son anonymat ». C'est vraiment un branleur de bas étage.

La presse n'arrête pas de nous demander ce que nous pensons de ce qui vient de se passer. Nous finissons par décider de rédiger une note à l'intention des rédactions, pour faire une réponse globale et en finir avec tout ça, et nous contactons nos proches pour qu'ils ne témoignent pas.

Nos agents de liaison nous laissent seuls finalement, et nous pouvons enfin souffler après ce début de semaine sur les chapeaux de roue. Comme nous le faisons souvent, Nicola et moi mettons en commun les questions que nous nous posons :

Comment Huntley, sous surveillance permanente, a-t-il pu se procurer ces médicaments ?

Pourquoi a-t-il choisi ce jour-là pour son suicide ?

Vendredi, il a reçu une visite de ses avocats, qui ont pu lui faire part des charges qui pèsent contre lui. Il a pu repenser à ces éléments tout le week-end.

Jeudi 12 juin

Notre pasteur superstar passe encore à la télé : c'est aujourd'hui qu'il est distingué.

Je ne suis pas trop inquiet, je ne pense pas que la défense puisse se servir de cela. Ça n'a rien à voir avec le procès.

J'ai envoyé à Tim mes meilleurs souhaits et mes encouragements pour cette journée très spéciale.

Vendredi 13 juin

Plus nous nous rapprochons de la date anniversaire de la disparition de Holly, et plus je pense à ce que l'on faisait l'année dernière à la même époque.

Dimanche, c'est la fête de l'église. L'année dernière, Holly était en train de participer au spectacle des majorettes. En rentrant à la maison, je trouve Nicola en larmes. Elle aussi pense à l'an dernier.

Nous mettons nos chaussures de marche, et nous sortons nous promener dans la campagne pour nous changer les idées.

En début de soirée, nous allons à la collecte annuelle de fonds pour l'église. C'est un récital musical joué par un quintet. Nous passons une bonne soirée, finalement.

Dimanche 15 juin

J'allume la télévision dans notre chambre. Les premiers mots que nous entendons, c'est « Ian Huntley », et sa photo apparaît en grand sur l'écran.

News of the World fait tout un reportage sur la prison où il est détenu. J'entends d'ici les récriminations de la défense. J'appelle les agents de liaison.

Une chose est certaine, Me Coward fera référence à ces images. Il ne nous reste plus qu'à espérer que *News of the World* a consulté ses avocats avant d'agir. Ce sont eux qui avaient le plus couvert l'affaire Sarah Payne et la campagne contre les pédophiles. Je suppose donc qu'ils n'iraient pas rendre publiques des nouvelles qui gêneraient les familles des victimes ou l'avancée du procès.

J'imagine quand même que quelqu'un, à la prison, va avoir de gros problèmes quand on trouvera qui a laissé les journalistes accéder à toutes ces informations.

Fin juin

Nouveau drame. Maxine Carr a fait une tentative de suicide, elle aussi. Elle s'est ouvert les veines. Pour les psychologues, c'est un appel au secours, moi je trouve que ça ressemble surtout à un caprice.

Nous l'avons implorée de nous aider en disant ce qu'elle savait. Elle nous a ignorés. Qu'on ne me demande pas d'éprouver de la compassion.

Il reste malgré tout possible qu'elle change d'avis à la dernière minute.

Il y a autre chose qui me choque : je ne savais pas que chaque jour qu'elle passe en détention provisoire est un jour qu'elle ne passera pas en prison, après que la sanction aura été prononcée. Tout est donc fait pour protéger les coupables ?

Aujourd'hui dans le *Sun*, il y avait l'histoire d'une femme qui a obtenu cent soixante-dix-huit mille livres de dommages et intérêts dans une affaire d'abus sexuel. Comparaison avec l'affaire Sarah Payne : la famille a reçu onze mille livres après le meurtre de leur fille.

C'est la somme que nous recevrons plus tard. Mes sentiments sont mitigés. Bien sûr, aucune somme d'argent ne peut remplacer un enfant, mais quand même cinq mille cinq cents livres par parent, c'est maigre.

Nous sommes toujours inquiets pour Oliver. Nous continuons de parler de Holly, souvent même, et Oliver dit toujours qu'il va bien. Mais nous voyons bien que quelque chose ne va pas et nous désespérons de trouver la clef.

Et puis c'est arrivé soudainement. J'avais décidé que la tombe de Holly avait besoin d'être nettoyée, et demandé à Oliver de venir avec moi.

Père et fils, chacun avec une bêche, nous commençons à travailler. Après un moment, je recule d'un pas et j'admire le travail d'Oliver, consciencieux et soigné. On sent toute l'importance qu'il accorde à sa tâche.

Nous nous sentons tout seuls. Le soleil brille fort. Oliver remplit la brouette et va la vider. En passant devant moi, il dit simplement :

– *Tu sais, je savais que Holly allait être trouvée dans le fossé, papa.*

C'est ce que nous avait dit la spécialiste des traumatismes, Ruth Harrison.

Et puis, il se met à poser toutes les questions qui le travaillent depuis près d'un an :

Est-ce que Holly était complètement nue dans le fossé ?

Comment est-ce que l'homme savait que là-bas il y avait un fossé ?

Combien de personnes ont vu le corps de Holly ?

As-tu vu le corps de Holly ?

Comment Holly et Jessica ont-elles été tuées ?

Est-ce que Holly était déjà morte lorsque tu la cherchais à vélo ?

Qu'est-ce qui arrivera au gardien ?

Pourquoi a-t-il tué Holly et Jessica ?

Quand est-ce que tu penses que maman arrêtera de pleurer ?

Et les questions continuent. Pendant plus de vingt minutes, je fais de mon mieux pour lui répondre.

Je m'aperçois que lui dire les choses une fois n'a pas été suffisant. Il a été secoué et, si douloureux que ce soit, il aurait fallu répéter nos explications plus régulièrement.

Vendredi 11 juillet

Nous invitons Sonia Land à Soham pour déjeuner.

Elle a pensé à beaucoup de choses, notamment à la meilleure façon de s'organiser malgré les restrictions dues au procès. Dave Cohen, un producteur de cinéma, nous fait des propositions pour la réalisation d'un documentaire après le procès.

Nous ne refusons pas formellement son offre, mais le livre reste ma priorité.

Jeudi 24 juillet

Chris m'a appris mi-juillet que Tim Alban Jones a l'intention de s'installer à Old Bailey pour la durée du procès. Pour lui, c'est de l'autopromotion. Je suis déçu, une fois de plus. Il aurait pu m'en parler lui-même. Et puis sa place est à Soham, avec la communauté.

Donna est venue des États-Unis pour Nicola. Elles passent de bons moments, sur leur trente et un, avec leur sourire des grands jours. Ça fait plaisir à voir.

Nous avons moins vu nos agents de liaison ces derniers temps, ils sont très occupés, mais ils nous ont appris tout de même qu'une visite des jurés était prévue à Soham et à Wangford. C'est une bonne chose, c'est important pour nous qu'ils visualisent bien les lieux, et qu'ils voient à quel point Wangford est isolé de tout.

Même si Huntley et Carr sont condamnés, ils pourront faire appel auprès de la Cour européenne. Ça pourrait encore prendre trois à cinq ans. Pourquoi ai-je l'impression que le système est de leur côté ?

Ce matin, je vais rendre visite à l'évêque d'Ely. Je veux lui faire cadeau de photos prises dans la cathédrale en août dernier.

Fin juillet

Nous commençons à recevoir des informations concernant la cérémonie commémorative, « Soham, un an déjà ». Tim Alban Jones tire encore la couverture à lui, il a prévu une prière deux fois plus longue que les autres.

Je veux m'assurer qu'il ne paraîtra pas au procès, et j'en reparle aux agents de liaison. Je sais que je parais injuste, mais je n'en ai plus rien à foutre.

Jeudi 31 juillet

C'est le jeudi que paraissent les journaux locaux. En gros titre : « S'il vous plaît, restez en dehors de tout ça », ce qui s'adresse évidemment à Tim.

C'est un peu bête, parce qu'il ne s'agit que d'une édition locale, sans grand impact. Dans l'article, nous apprenons que Tim débarrasse quotidiennement les gerbes de fleurs déposées devant l'église. Il aurait pu nous demander notre avis.

Nicola ne veut pas rester à Soham pour l'anniversaire douloureux qui approche. Nous partons avec des amis pour quelques jours. Comme l'année dernière, Rob et Trudy seront avec nous.

Ça va être dur pour nos amis qui resteront à Soham et qui vont se faire harceler de questions à notre place. Heureusement, la police nous accorde le droit de donner notre avis sur toutes les déclarations de presse nous concernant.

Avant de partir, nous allons nous recueillir sur la tombe de Holly, et y déposons une gerbe de fleurs. On n'arrive pas à croire que ça fait déjà un an. Nous lui disons quelques mots à voix haute.

Première quinzaine d'août

Pendant les vacances, nous avons lu une pièce de théâtre publiée dans le *Sun*, inspirée de la mort de Holly et de Jessica. Comment peut-on descendre si bas ? Un jour le metteur en scène aura ses propres enfants. J'espère qu'alors il aura honte.

Il y a de bonnes nouvelles tout de même. Westgate, le gars qui nous harcelait au téléphone, a reçu une injonction. Il a interdiction de nous contacter. Oliver va enfin pouvoir répondre au téléphone.

Stewart, notre agent de liaison, vient d'avoir un enfant, un petit George. La mort et la naissance. Je suis heureux pour lui.

Lundi 18 août

Gros coup sur la tête : le Crime Prosecution Service laisse tomber le dossier contre Brian Stevens, l'agent de liaison pédophile.

J'ai beau savoir que le dossier contre Huntley et Carr est bien plus lourd, je l'ai mauvaise et je suis inquiet. J'ai l'impression que le système les protège.

Ça me rend malade : Brian Stevens est passé à la télé, l'air posé, arrogant, dégoûtant. Sa femme est à côté de lui. Elle n'a plus rien à voir avec celle que nous avons connue. Je me demande comment les Chapman vivent ça.

Si Stevens est innocent, comment sa carte de crédit a-t-elle été utilisée pour télécharger des photos pornographiques d'enfants ?

Comment des images pornographiques d'enfants ont-elles été retrouvées sur son ordinateur portable personnel, et sur celui qu'il utilisait pour son travail ?

Je crois que je n'ai pas envie de connaître la réponse.

2003

Le procès

L'information est tombée : le procès aura lieu. Enfin.

Avec du recul, je dois bien reconnaître que l'année écoulée nous a marqués profondément, Nicola et moi. Nous sommes devenus plus agressifs, cyniques, nous manquons de confiance envers tout le monde. Tous les petits gestes qui rendent un mariage heureux sont derrière nous.

Ça ne nous ressemble pas. Nous devons réussir à redevenir ceux que nous étions auparavant. En fait, j'ai surestimé ses forces. Je pensais que le courage que je lisais sur son visage était le reflet de ses sentiments profonds. Ce n'était pas le cas. En plus, comme je me suis moi-même plongé dans l'écriture pour canaliser mes propres émotions, on peut dire que je l'ai négligée.

Nous avons prévu de partir en Nouvelle-Zélande, et l'organisation du voyage nous aidera sans doute à surmonter le stress qui nous attend dans les prochaines semaines.

Oliver a même commencé à faire des recherches, et il regarde toutes les émissions sur les requins, mais il est toujours aussi silencieux. La directrice de l'école et les enseignants eux-mêmes nous en ont parlé. Ça ne m'est pas plus facile de soutenir mon fils que de soutenir ma femme.

L'anniversaire d'Oliver va tomber en plein pendant le procès, durant la première semaine de décembre, mais nous avons trouvé un moyen de le mettre en valeur malgré ça. Il nous avait demandé un vélo que nous ne pouvions pas lui payer. Le pacte est le suivant : s'il arrivait à en payer la moitié, nous compléterions la somme. Je n'aurais jamais cru qu'il gérerait son argent aussi bien !

Dernier détail pratique : faire fabriquer la stèle commémorative de Holly par le marbrier. Je connais celui-ci depuis longtemps, et il me comprend bien. Il gravera les images de la rose de Soham et de Winnie l'ourson, le personnage préféré de la petite.

Nous avons dû prendre des dispositions pour le procès ; pendant que nous serons à la cour, Oliver restera avec ma famille. Nous avons essayé de tout prévoir pour éviter au maximum les journalistes. Nous savons bien aussi que, après le procès, les journaux se bousculeront pour obtenir des entretiens exclusifs.

Aujourd'hui, Nicola est la seule à lire quelques extraits de mon livre. J'espère qu'elle se rend bien compte de ce que me coûte ce projet d'écriture sur le plan émotionnel.

Mercredi 5 novembre

Aujourd'hui, énoncé des faits au tribunal. Nous écoutons, concentrés, notre avocat Me Latham. Certains détails nous touchent plus profondément que d'autres.

À la fin de la séance, nous apprenons qu'un écrivain a essayé de s'introduire dans le tribunal, et qu'il a insisté après avoir été repoussé. Pour qui se prend-il ?

Vendredi 7 novembre

15 heures. Me Latham complète son discours d'ouverture. Les faits reprochés aux deux accusés sont écrasants. Je me demande ce que le jury pense de tout ça.

J'ai bien vu Huntley s'agiter de plus en plus ces trois derniers jours, lorsqu'il écoutait les charges qui pesaient contre lui. Heureusement, le juge intervient et avertit l'un des avocats de la défense, Me Coward, qu'il est hors de question que l'instruction soit ralentie par les réactions de son client. J'ai quelques sueurs froides quand l'accusé quitte la salle d'audience avec ses défenseurs : ce n'est pas un psychiatre qui les rejoint, mais deux ! Bon.

Les avocats de Huntley et de Carr, respectivement Mes Coward et Hubbard, ne sont manifestement pas disposés à se laisser faire, et saisiront toutes les occasions qui s'offriront à eux. Ce matin par exemple, ils se sont plaints, sur un ton grandiloquent, du tapage médiatique de la veille. Résultat : le juge va devoir demander à la presse de réfréner ses ardeurs, « afin que les accusés obtiennent un procès juste ».

Avec Nicola, nous avons un bon pressentiment vis-à-vis de ce juge. Il a à ce moment-là le ton de voix le plus dédaigneux que l'on puisse imaginer.

Me Latham commence par montrer que non seulement Ian Huntley a menti, mais qu'il a menti devant les caméras. Ironie du sort, les médias, pour une fois, vont sérieusement nous aider. Je vois mal en effet comment Huntley pourrait nier face à des preuves pareilles.

À la fin de la journée, il reste deux points avancés par la défense à éclaircir. D'une part, les filles auraient prétendument été tuées en légitime défense ; je crois qu'un commentaire n'est même pas nécessaire et qu'on peut rejeter cette option tout de suite. D'autre part, Holly et Jessica auraient été tuées par accident. L'avenir nous dira – j'espère – ce qui s'est vraiment produit.

Lundi 10 novembre

Aujourd'hui, les jurés viennent à Soham. Ils vont partir de la maison des Chapman, passer par la route qui mène chez nous, là où la dernière promenade a commencé, pour finir à College Close, chez Huntley.

Il faut impérativement qu'aucun journaliste ne soit présent dans le secteur.

Quant à nous, nous quittons Soham pour la journée, pour une longue promenade. Mon fils fait du quad avec du matériel qu'on lui a prêté. Je crois qu'il a hâte de voir arriver son anniversaire.

Sur le chemin, nous avons croisé le convoi de la police, avec la voiture du juge et le car des jurés. C'est un peu surréaliste.

En rentrant, premier réflexe : se mettre en contact avec nos agents de liaison pour savoir comment ça s'est passé. Apparemment, il n'y a pas eu de problèmes.

Mardi 11 novembre

Nouvelle visite des jurés dans la région, mais cette fois-ci sur le site de Wangford, là où on a retrouvé les corps.

Nous, nous irons visiter le 5 College Close.

Pendant cette visite, Nicola confirme à la police que jamais Holly n'a souffert d'épilepsie, qu'elle n'a jamais perdu connaissance, ni quoi que ce soit qui aurait pu la faire tomber subitement. Notre but est de couper l'herbe sous le pied de la défense, qui suggère que Holly serait morte en tombant dans la salle de bains.

À l'intérieur de la maison du gardien, plus rien. Même les portes ont été enlevées. La salle de bains est minuscule. Comment Holly aurait-elle pu se blesser ici ?

Même sans les meubles, il reste toujours quelque chose qui me permet d'avancer dans mon raisonnement : la vue imprenable que Huntley avait de chez lui. De la fenêtre de sa chambre, il pouvait voir les vestiaires de l'école, où les vêtements des filles ont été retrouvés.

Du rez-de-chaussée, il a pu suivre du regard Holly et Jessica, depuis leur départ jusqu'au centre sportif, tout au long de leur promenade qui les a fait passer devant chez lui, avant ce demi-tour fatal. Des témoins, en effet, disent les avoir vues faire demi-tour, tout de suite après la maison du gardien. Moi, je crois plutôt qu'elles ont été appelées par Huntley. Les deux petites ne pouvaient évidemment pas imaginer ses intentions.

Voilà. Comment oublier Huntley, dehors avec son chien, remarquant soudain Holly et Jessica à côté de lui ? Sa tanière était prête et il attendait.

Les douze jurés ont vu hier ce que nous voyons aujourd'hui, mais contrairement à nous ils ne sont pas conscients que Me Coward a fait tout ce qu'il a pu pour annuler leur visite. Il craignait que cela dévoile trop le caractère de l'accusé.

Pas le temps de se reposer : nous avons rendez-vous à l'hôtel *Marriott* avec Tom Lloyd, l'agent de police principal du comté de Cambridge. La réunion dure peu de temps. Nous apprenons que des recherches ont été menées sur le passé de Huntley. Il avait auparavant un autre nom de famille, Nixon. Il aurait été mis en cause à l'époque dans une affaire de cambriolage, mais son dossier dort toujours quelque part.

Nous discutons aussi des derniers points qui nous ont agacés, comme les interviews de la police par la BBC, et le problème concernant nos sièges à l'audience. M. Lloyd promet qu'il demandera si nous pouvons nous asseoir aux places attribuées à l'administration londonienne, devant Huntley et Carr, au moins le jour du verdict.

Arrive ensuite David Westwood, l'agent de police principal de Humberside. Humberside, c'est la région d'où viennent Huntley et Carr. Il nous remet une lettre officielle, en disant :

– *J'ai voulu m'entretenir avec vous aujourd'hui pour vous informer personnellement des différents précédents de Ian Huntley et de Maxine Carr, avant 2002. Je ne vous ai pas donné ces détails plus tôt pour protéger le procès en cours. Pour ne pas le compromettre, il est capital que le contenu de cette lettre reste confidentiel jusqu'à l'annonce du verdict.*

Cette phrase nous fait du bien. Enfin un agent de police qui nous fait confiance. La lecture de la lettre est un véritable choc, surtout la liste point par point des antécédents de Huntley :

1995 : mise en cause pour relations sexuelles illégales avec une jeune fille de quinze ans.
1995 : mise en cause pour cambriolage et vol. Assigné à résidence.
1996 : mise en cause pour relations sexuelles illégales avec une jeune fille de treize ans.
1996 : non-paiement de l'amende assignée pour refus de comparaître.
1998 : mise en cause pour viol sur adulte.
1998 : mise en cause pour viol sur adulte.
1998 : mise en cause pour attouchements sur une jeune fille de douze ans.
1999 : mise en cause pour viol sur une jeune fille de dix-sept ans.
1999 : mise en cause pour viol sur une jeune fille de dix-sept ans.

Pour chaque accusation, il y a des détails, et une courte explication de la raison pour laquelle la police n'a entrepris aucune action.

Même si nous écoutons attentivement les explications de Westwood, nous ne comprenons pas tout. Il semblerait que Maxine Carr ait fourni un alibi à Huntley en 1999.

Son profil n'a pas été retenu dans les fichiers de la police. Ils ont perdu une bonne occasion d'agir ce jour-là. De plus, de nombreuses informations ont été retirées du système de surveillance criminelle par un procédé appelé « désherbage ». Autrement dit, chaque fois qu'un officier de police avait affaire à Huntley, le système informatique ne l'informait en rien sur ses antécédents.

D'une manière ou d'une autre, le système a contribué à la mort de Holly et de Jessica.

Maxine Carr et la famille de Huntley savaient forcément, en partie au moins, ce qui s'était passé. L'une des victimes habitait dans la même rue que lui et dans ces petites communes, tout se sait. Cela veut dire qu'ils l'ont laissé prendre un emploi de gardien d'école, un travail en contact direct avec les enfants, en toute connaissance de cause. Ils sont coupables aussi. Mon Dieu, c'est comme attendre que saute une bombe à retardement.

Nous imaginons le mépris des médias et du grand public envers Maxine Carr, quand ils apprendront qu'elle a choisi de soutenir son homme en sachant de quoi il retournait. C'est sûr, même si elle est acquittée des charges les plus sérieuses, la presse s'abattra sur elle...

Mercredi 12 novembre

Après ce qui s'est passé hier, je ne peux pas assister à la reprise du procès. Ça m'écœure de voir Huntley. Avec tout ce que j'ai appris, je ne suis pas sûr de pouvoir me contrôler.

En fait, avec toutes les personnes qui doivent témoigner jusqu'à vendredi, je ne vais pas y assister de la semaine.

Vendredi 14 novembre

J'ai reçu un coup de fil d'un ami, Mark Abbott. Il a dû témoigner aujourd'hui.

Grosse pression. Même la présence de son père n'a pas pu calmer sa nervosité. Il a dû attendre un long moment avant d'être appelé, puis escorté dans la salle d'audience. Il n'arrivait pas à regarder les deux accusés. Agité, il a décidé de garder les mains derrière le dos.

Pendant qu'on l'interrogeait, il a réfuté les suggestions de Me Coward, selon lesquelles ses déclarations avaient été amplifiées au fil du temps. D'une certaine façon, la défense l'accusait d'avoir menti, et Mark n'est pas un menteur. C'est l'homme le plus droit, le plus digne de confiance, le moins compliqué que l'on puisse rencontrer. Me Coward l'a tellement intimidé que la transpiration lui coulait dans le dos. Personne ne mérite d'être traité comme ça.

Mais ce n'était pas la fin de son épreuve : il a ensuite été présenté aux photographes hors du tribunal et il a dû y rester un bon moment.

Sur le chemin du retour, il a arrêté sa voiture sur le bord de la route, et a craqué en pensant à Holly et à Jessica. Il ne peut pas s'empêcher de s'inquiéter, il a peur que d'une manière ou d'une autre son témoignage ne contribue négativement à notre combat.

Alors qu'il pleure au téléphone en relatant son épreuve, mes larmes coulent aussi. Le meurtre atteint et démolit au-delà des victimes immédiates.

Jeudi 20 novembre

Les méthodes des avocats Hubbard et Coward vis-à-vis des témoins me dégoûtent. Ils ont établi un type d'interrogatoire qui laisse à penser au jury que les différents souvenirs sont faux, ou incompréhensibles, et que vu la nature terrible du crime, ils enjolivent d'une manière ou d'une autre leurs déclarations, afin d'aider l'accusation.

Coward discute la valeur des témoignages en mettant en cause les dates de chaque note, de chaque déclaration. Apparemment, dans ce monde administratif, il ne semble pas important que la police ait passé le plus clair de son temps à rechercher deux petites filles disparues plutôt qu'à faire des rapports. On préfère convaincre le jury qu'une déclaration qui n'aurait pas été dûment consignée sur-le-champ sème le doute sur tout le reste de l'enquête. Cet avocat, je le méprise.

L'avocat de Maxine Carr, Me Hubbard, crie après les témoins, lui. Il semble lui aussi obsédé par les notes et les déclarations, et insiste encore en demandant à certains témoins pourquoi ils n'ont pas tout noté en août

2002. Même quand un témoin réitère ses dires astucieusement, il a déjà réussi à semer le doute dans l'esprit des jurés.

L'audience n'est plus interrompue à chaque fois que Huntley demande une pause pour pouvoir se reprendre. Le juge lui a accordé la permission de quitter la salle, et il retourne alors dans sa cellule. La directrice de l'école, Margaret Bryden, m'a dit qu'il avait demandé à sortir pendant son témoignage, au bout de deux heures et dix minutes. Bizarre.

Huntley est en relation permanente avec ses avocats, ils s'écrivent de nombreux messages pendant que les témoins sont à la barre.

Il a une nouvelle coupe de cheveux et paraît très différent par rapport à novembre dernier. Le doute sur sa santé mentale peut maintenant être rejeté ; il est au pied du mur. Dernière option pour lui : proposer une explication détaillée de la mort de Holly et de Jessica. Il ne l'a pas fait, durant ces quinze derniers mois.

La balance de la justice pencherait-elle en notre faveur ?

Comme s'il n'y avait déjà pas assez de pression dans la salle d'audience, nous avons aussi des ennuis avec le documentaire de la BBC. Les policiers ont déjà témoigné, mais nous, nous ne voulons pas le faire. Leur insistance est désagréable mais en appelant nos amis, ils vont vraiment trop loin. Heureusement que nous les avons prévenus.

Vendredi 21 novembre

Le médecin légiste doit passer à la barre aujourd'hui. Nous possédons une copie de son rapport et vous pouvez me croire : rien ne peut vous préparer à lire un rapport de médecine légale sur le décès de votre propre fille.

À la lueur de ce document, nous essayons de voir quelle pourra être la ligne de défense de Huntley. Nous savons que la défense ne fera pas appel à un médecin légiste mandaté par ses soins, donc les conclusions actuelles ne seront pas discutées, ce qui est une bonne chose.

Il y a peut-être un point sur lequel ils pourront semer le doute : une petite fracture du crâne de Holly, qui a sans doute été causée par un hématome de chaleur, quand Huntley a mis le feu aux corps dans le fossé. Me Coward en proposera sans doute de multiples autres explications. Je ne sais comment je pourrai endurer un tel exposé.

Il y a un autre débat : certains pensent que le chien de Huntley aurait pu provoquer la mort de l'une des filles. Je n'avais jamais vraiment pensé au chien. La défense pourra utiliser cette hypothèse pour justifier la thèse de la mort accidentelle. C'est la seule issue pour Huntley, s'il veut échapper à la double condamnation.

Lundi 24 novembre

Me Latham commence à citer les preuves et à les expliquer au jury.

On nous appelle après le déjeuner pour une réunion immédiate avec Chris Stevenson. Il est accompagné par Hywel Jarman, le responsable du service de presse de la police du comté de Cambridge. On nous conseille de chercher nos propres conseillers juridiques pour régler nos contacts avec la presse.

La vérité, c'est que les médias nous offrent toujours d'importantes sommes d'argent et que la police ne veut pas être accusée de toucher des commissions si nous acceptons des offres. Je les comprends, mais nous avons toujours géré nos affaires avec eux. Et puis, nous n'avons toujours pas l'intention de nous faire interviewer par un journal.

Mardi 25 novembre

Le témoignage de Keith, celui qui a découvert les corps, est lu à la cour. J'ai l'impression de vivre la scène, c'est horrible.

Malgré tout, c'est important pour les douze jurés, qui entendent cela pour la première fois. Ils ont tous été attentifs. Comprennent-ils l'importance de ce qui est sur le point d'arriver, avec la déclaration du médecin légiste ? Se rendent-ils compte que la santé mentale de Huntley n'est plus un problème ?

Au cours de la matinée, Huntley reçoit la permission de sortir une fois de plus, il se sent indisposé. Tout de suite après, Maxine Carr demande à faire de même. Les faits qui leurs sont reprochés sont exposés en leur absence, c'est ridicule.

Le juge Moses fait sortir le jury et s'adresse à la défense. Selon lui, et je suis bien d'accord, l'absence de l'accusé est préoccupante, puisque des faits le concernant vont être énoncés. Il ajoute que Huntley, sans dérogation médicale, doit retourner sur le banc des accusés.

Il annonce aussi l'imminence de l'annonce de faits difficiles à entendre pour les familles. Si nous souhaitons les écouter, il faudra rester dans la salle jusqu'au bout parce que notre départ pourrait influencer le jury. Nous avons été avertis.

Le procès reprend à midi, en présence des accusés. Me Coward tend l'importante liste des pièces à conviction aux membres du jury. Il y en a vingt et une au total.

Patricia Wiltshire, un expert, est appelée à la barre. Elle apporte des éléments nouveaux. En effet, une deuxième série de traces de pas a été trouvée près du fossé de Wangford.

Pour l'accusation, cela signifie, en toute logique, que Huntley est revenu sur le site, ce que bien évidemment Me Coward s'emploie à démonter. Mais, dans ce cas, qui aurait laissé les autres traces de pas ?

Je ne peux pas m'empêcher de penser à Dennis Mackenzie, le médium, qui était convaincu que trois personnes étaient impliquées.

À 15 h 04, le Dr Carey, médecin légiste, est appelé à la barre. Le procureur lui demande d'expliquer dans quelles conditions les corps ont été retrouvés. Même s'il n'entre pas dans les détails, l'écouter jusqu'au bout aurait été impossible si nous n'avions pas pris connaissance de son rapport auparavant.

Me Coward se lève pour interroger le témoin. Il commence par poser quelques questions générales sur l'état dans lequel on a retrouvé les corps. Il marque un silence, et c'est le coup de théâtre :

– *Voici le récit de mon client,* dit l'avocat, *sur ce qui s'est vraiment passé le 4 août 2002. La petite Holly saignait du nez. Pour l'aider à arrêter le saignement, l'accusé a emmené les deux petites dans sa salle de bains, au 5 College Close. Holly s'est assise sur le bord de la baignoire, près du lavabo, et Jessica de l'autre côté, près de la porte. Monsieur Huntley allait chercher des morceaux de papier-toilette, les mettait sous le robinet d'eau froide pour les refroidir et les remettait à Holly.*

Il a glissé sur un tapis de bain vert et, semble-t-il, l'a frappée dans sa chute. Comme elle était assise sur le bord de la baignoire, elle est tombée en arrière dans la baignoire pleine d'un peu plus d'un mètre d'eau – il allait laver son chien. Il n'a pas souvenir d'avoir entendu un coup mais il se rappelle une éclaboussure.

Jessica s'est alors levée en criant : « Vous l'avez poussée ! Vous l'avez poussée ! », il s'est tourné alors vers elle et a placé une main ou deux, il n'est pas sûr, sur son visage – de mémoire sur sa bouche – pour qu'elle arrête de crier. Il ne peut pas dire combien de temps il est resté dans cette position, mais il s'est rendu compte qu'elle ne tenait plus sur ses pieds.

Il a ôté ses mains et elle s'est écroulée sur le sol. Il s'est alors retourné vers la baignoire et y a trouvé Holly gisant dans l'eau, apparemment morte. Il l'a sortie de l'eau, mise par terre, s'est aperçu qu'elle ne respirait plus, de même que Jessica. C'est son récit.

Le Dr Carey demande alors du temps pour examiner ce scénario et en référer aux experts légaux. Il veut aussi que les dires de la défense soient consignés par écrit. Le juge Moses suspend alors l'audience.

Nous nous retrouvons tous dans la salle d'attente réservée aux témoins. Personne ne peut croire un mot de ce récit. Mon Dieu, qu'arrivera-t-il si le Dr Carey conclut finalement que l'affabulation de Huntley est plausible ?

Sur le chemin du retour, nous téléphonons à la maison pour demander qu'Oliver ne regarde pas la télévision. Nous ne voulons pas qu'il entende n'importe quoi. C'est à nous de lui expliquer ce qui se passe.

Dès notre arrivée, nous faisons le point sur les faits du jour, et nous expliquons à notre fils ce que cela impliquerait si le jury croyait à cette histoire. Il reste très calme. Je suppose qu'il rumine cette information, à sa façon. Nous le laissons seul, et appelons notre entourage pour partager avec eux les dernières avancées du procès. Tout le monde est inquiet et se sent impuissant face au système.

Tout à coup, Oliver descend les escaliers en trombe :

– *Maman, papa, c'est pas vrai. Holly n'aurait pas pu se noyer dans la baignoire. Je vais vous expliquer...*

Ces vingt dernières minutes, notre fils a mené ses propres expériences dans la salle de bains. Nous l'écoutons bouche bée. Selon lui, Holly n'a pas pu tomber dans la baignoire si ses jambes étaient sous le lavabo, parce qu'elles auraient été retenues par l'évier. Et, même si ça n'avait pas été le cas, elle serait tombée de travers, dans la largeur du bain, les fesses dans l'eau et les mollets pendant toujours par-dessus le bord de la baignoire.

Avant de remonter, Oliver ajoute :

– *Papa, si Jessica avait vu Holly tomber dans la baignoire, elle n'aurait pas crié, elle aurait ri.*

J'espère seulement que le Dr Carey aura autant de discernement que mon fils.

Mercredi 26 novembre

Nous étions tendus en arrivant au tribunal, et un retard dans la reprise de la séance n'était pas pour nous calmer.

Mais, Dieu merci, le Dr Carey a finalement exclu la théorie de Coward. Je me sens un peu soulagé. Il y a moins de risques que Huntley parvienne à influencer les jurés maintenant.

Dans peu de temps, le Dr Carey donnera ses conclusions. Ce sera un moment capital pour que justice soit rendue à ma fille.

Juste avant le déjeuner, nous avons pu assister à une nouvelle prestation brillante de l'avocat de Carr interrogeant des témoins à la barre.

Là, sa malheureuse victime était un chauffeur de bus, Paul Walmsley, dont Maxine Carr aurait été la passagère. Pour Me Hubbard, le témoin s'est trompé en donnant les détails de la route qu'il avait empruntée, ce qui me semble pour le moins peu probable. Un chauffeur de bus connaît son itinéraire, putain !

Me Coward intervient alors et demande au chauffeur s'il a consigné immédiatement sa conversation avec Carr pendant le voyage. Tout le monde le pense tout bas, mais il faut que je le dise : c'est ridicule ! Depuis quand un chauffeur de bus écrit-il en conduisant ? Pourquoi devrait-il rapporter par écrit une conversation avec l'un de ses passagers ? C'est ça, vraiment, la grande justice britannique ?

Lorsque l'avocat de la défense s'assied, indiquant qu'il a fini son interrogatoire, il y a un silence. Le juge prend finalement la parole, et s'excuse auprès de Mr Walmsley.

– *Je suis désolé que vous ayez été traîné jusqu'ici,* dit-il.

J'aurais préféré de sa part quelque chose de plus direct. Comme ceci par exemple :

– *Je suis désolé que vous ayez eu à écouter de telles bêtises des avocats de la défense.*

Nous rentrons, moins angoissés que la veille. Une bonne surprise nous attend à la maison : une carte de David Beckham et de ses coéquipiers de l'équipe d'Angleterre. Leurs pensées nous accompagnent, ont-ils écrit. Ils nous sont d'une grande aide, surtout en ce qui concerne Oliver.

Par ailleurs, la police nous a remis une photo de la salle de bains du concierge : Oliver en a la preuve par l'image, sa théorie était juste.

Vendredi 28 novembre

Ma femme et moi, nous sommes épuisés. Nous restons à la maison.

Mais notre repos est de courte durée : à 10 h 48, Chris m'envoie un texto dont je me souviendrai longtemps :

Huntley va témoigner. Probablement lundi. Vous tiendrai au courant plus tard.

C'est un choc. Tout le monde pensait que Huntley utiliserait son droit de garder le silence. J'imagine que tous les avocats du Crime Prosecution Service préparent déjà les questions qu'ils comptent lui poser.

Que s'est-il passé ? Y aurait-il des tensions entre Huntley et Me Coward ? Croit-il que monter une nouvelle histoire abracadabrante est sa dernière chance de s'en sortir ? Je me demande bien d'ailleurs ce qu'il pourrait inventer de nouveau, depuis que l'histoire de la salle de bains a été démontée.

Lundi 1er décembre

La salle d'audience est pleine, les journalistes se bousculent, et l'agitation est la même qu'au premier jour du procès. Le juge Moses commence par avertir la presse que personne ne devra se lever ni partir pendant que Huntley témoigne.

À 11 h 32, lorsque l'accusé est escorté jusqu'au banc des témoins et prête le serment de vérité, j'ai l'impression de vivre le premier mensonge de la journée.

Une fois n'est pas coutume, Me Coward traite le témoin avec douceur et le met à l'aise. Il ne fait rien d'autre que de lui faire confirmer sa version première.

Mais en fait, Huntley modifie ses dires au fur et à mesure que l'opposition les réfute. La hauteur d'eau dans le bain, par exemple, passe de un mètre à quarante ou cinquante centimètres – et ce, quel hasard, juste après qu'un spécialiste a affirmé que Holly n'aurait pas pu se noyer dans dix-huit pouces d'eau, tout bêtement parce que la baignoire ne pouvait pas en contenir autant. C'est ce qui s'appelle ne pas avoir de scrupules.

Mais il y a un revirement plus impressionnant encore : Huntley a d'abord affirmé que c'était la petite brune (Jessica), qui saignait du nez. Après les interrogatoires des quatre parents, au cours desquels nous avons dit qu'effectivement, plus jeune, Holly avait souffert de saignements de nez, Huntley a changé d'avis.

D'un coup d'un seul, ce n'est plus la petite brune qui saignait du nez dans le récit de l'accusé, mais notre petite blonde. Selon nos agents de liaison, il chercherait une explication plausible au cas où on aurait trouvé des traces de sang chez lui, d'où son scénario bidon. Il est pathétiquement désespéré, il ferait n'importe quoi pour sauver sa peau.

Autre fable. Voici comment il explique le sang sur sa couette : au moment où Jessica aurait voulu aller aux toilettes, qui se trouvaient dans la salle de bains, lui et Holly se seraient repliés temporairement dans la chambre.

Nous restons tous assis en silence à écouter ses divagations, faites sous serment. Le pire, c'est qu'il se peut qu'il y ait certains éléments de vérité dans ces fariboles.

Dans ses déclarations précédentes, il précisait que Maxine Carr était chez lui et prenait un bain, ce qui, faut-il le préciser, était faux. Pourtant ma femme et moi pensons que c'est là le prétexte qu'il a utilisé pour attirer les filles chez lui, pour qu'elles viennent la voir. Cette histoire de chambre à coucher, ça veut peut-être simplement dire que c'est là que ma fille est morte.

Je sais bien que je ne suis pas expert en langage corporel et que je ne suis pas objectif, mais je le regarde parler. Il s'exprime beaucoup plus librement quand il détaille les faits qui semblent vrais. Reste à espérer que les jurés le remarqueront aussi.

En le regardant, je pense :

– *Je t'attends au tournant. Les jeux de ton avocat ne dureront pas toujours. Richard Latham t'attend, comme tu l'as fait pour ces deux malheureuses petites filles. Il va éteindre tes derniers espoirs.*

Il y a autre chose, dans ce qui a été dit aujourd'hui pendant l'audience, que je trouve important. Cela concerne la fameuse maison du gardien. Le deuxième médium, Ron Moulding, avait fait référence à cette maison avant que Huntley soit suspecté. J'avais compris ensuite qu'il parlait du 5 College Close. Or Huntley a dit aujourd'hui que sur le site de Wangford, alors qu'il cherchait un endroit où cacher les corps, il est passé près d'une maison qu'on appelle ainsi. La chaumière du gardien. Sinistre.

Mardi 2 décembre

Richard Latham doit entrer dans l'arène aujourd'hui. Nous sommes impatients de voir la séance commencer. Nous sommes convaincus qu'il ne nous décevra pas.

Si Huntley a ressenti sur le banc des accusés ne serait-ce qu'un iota de confiance dans sa capacité à diriger un interrogatoire, cette confiance va s'évaporer en quelques minutes. Latham le replace dans la journée du 4 août.

Pas une pause de dix minutes pour t'aider maintenant Huntley, pas une tanière où tu pourrais te cacher. Rappelle-toi bien cela, toi et toi seul t'es mis dans cette situation. Pour la première fois dans ta vie, tu vas devoir assumer les conséquences de tes actes. Que le spectacle commence...

Deux minutes avant la pause-déjeuner, il craque de façon dramatique. Notre avocat rejette son récit du 4 août en le qualifiant de « complètement absurde ».

– *Vous êtes un menteur, monsieur Huntley. Vous avez inventé une défense pour coller aux faits, n'est-ce pas ?*

Il l'accuse à plusieurs reprises d'avoir assassiné les deux fillettes. Sa rage étourdit la salle d'audience.

– *Pourquoi,* lui demande-t-il avec dédain, *pourquoi ne l'avez-vous pas rattrapée quand elle a glissé dans le bain ? Cela aurait été normal, instinctif même, pour un être humain.*

– *Dans certaines circonstances, on agit de façon rationnelle. Dans d'autres, on ne le fait pas. Croyez-moi, je sais de quoi je parle,* répond-il.

Huntley aurait mieux fait de réfléchir avant de parler, et Latham n'a plus qu'à saisir sa proie :

– *Vous pouvez être parfaitement sûr de vous quand vous le voulez, monsieur Huntley ?*

– *Oui.*

– *Vous pouvez aussi perdre le contrôle, monsieur Huntley ?*

– *Oui.*

– *Vous l'avez perdu avec moi, n'est-ce pas ?*

– *C'est parce que vous* (il fait une pause interminable dans sa phrase)... *vous avez votre opinion.*

Latham hausse légèrement le ton :

– *Vous l'avez perdu avec moi, n'est-ce pas ?*

– *Oui.*

– *Avez-vous perdu le contrôle avec une de ces filles ce dimanche soir ?*

– *Je n'avais pas de raison de perdre le contrôle.*

– *Êtes-vous devenu l'individu sûr de lui que vous étiez il y a deux minutes ?*

La réponse à cette question s'impose comme une évidence.

Vient l'heure de la pause-déjeuner : aujourd'hui, même la nourriture du tribunal a bon goût.

Je parle, je parle, et je n'ai toujours pas dit qu'aujourd'hui c'est aussi, et surtout, le quatorzième anniversaire d'Oliver. Nicola est donc restée à la maison. Quand je l'appelle pour lui raconter les événements de la matinée, elle me dit que c'est peut-être là le plus beau cadeau d'anniversaire d'Oliver. Je crois qu'elle a raison.

Mercredi 3 décembre

Huntley n'a pas l'air bien. Les rôles sont inversés, c'est lui qui ne dort plus. L'intervention de Me Latham, hier, l'a accablé, et je ne vois pas comment il peut s'en sortir maintenant.

En ce qui concerne Carr, il est important pour l'accusation que les jurés puissent connaître son passé, mais la défense, elle, voudrait bien en faire table rase. Me Hubbard cherche à la présenter comme une victime, une pauvre jeune fille vierge de tout précédent. Il refuse donc que sa cliente soit interrogée sur des événements pour lesquels elle n'a pas été reconnue coupable. Certes. N'empêche, c'est une chose de s'en tenir aux faits, et une autre de la faire passer pour une citoyenne irréprochable.

Le juge tranche : il y a suffisamment de points important à débattre, et le passé de Maxine Carr ne sera pas abordé.

Je retiens un mouvement d'humeur, c'est l'accusation qui est lésée ici ! J'espère simplement que cette impasse n'aura pas trop d'influence sur la suite du procès.

14 h 25. Maxine Carr est appelée à la barre, et Hubbard peut mettre en œuvre sa stratégie de portrait genre « je suis une gentille petite citoyenne ». La police espère qu'elle lâchera son ex-petit ami, et qu'après l'avoir soutenu elle donnera enfin des preuves.

Je ne souhaite que ça, mais, si c'est le cas, je ne pourrais pas m'empêcher de me demander pourquoi diable elle n'a pas daigné le faire plus tôt.

Hubbard commence par s'adresser aux jurés, en exploitant à fond la corde du pathétique et de l'humour amer. En bref, la mort des deux petites a certes été un événement terrible, mais sans aucun rapport avec la pauvre Maxine.

– *Quelque temps après son arrivée à Soham,* dit-il par exemple, *le cours de sa vie a été changé à jamais, alors qu'elle n'avait rien fait.*

Pour lui, il n'est pas question de juger sa moralité, mais de parvenir à prouver si, oui ou non, elle a commis un crime.

Il ironise encore et tente d'apitoyer le public sur le sort de Carr, en la montrant comme presque encore une enfant âgée de deux fois dix ans, que l'on ose faire comparaître à côté d'un assassin présumé. Pour un peu, ce serait nous les méchants.

Hubbard parle tout l'après-midi, mais, finalement, il est assez rapide. On sent qu'il a travaillé son dossier.

Carr aurait pu avouer avoir menti par amour, confirmer qu'elle avait choisi de croire Huntley quand il lui avait dit que les filles étaient parties vivantes de chez lui, mais non.

Depuis tout à l'heure, elle ne fait que répéter les mêmes réponses, comme s'il existait quelque règle secrète selon laquelle un mensonge répété suffisamment souvent serait forcément cru. C'est un peu comme de suivre un débat politique.

Pas le courage de rentrer... Épuisés, nous passons la nuit à Londres.

Jeudi 4 décembre

Le matin, quand nous descendons prendre le petit déjeuner dans les salons de l'hôtel, un silence pesant s'installe. C'est gênant d'être reconnus comme ça.

Un homme s'approche de nous, et je me dis que c'est forcément pour nous présenter ses condoléances – nous commençons à avoir l'habitude –, mais nous ne saurons jamais ce qu'il était venu dire.

Avant même d'avoir ouvert la bouche, il se casse la figure bruyamment et s'étrangle avec son croissant. Son visage est rouge pivoine. Tout de suite, je me mets de côté pour permettre le passage de l'un des membres du personnel. Mais non, ils sont trop concentrés sur les œufs et le bacon pour agir. Le pauvre homme cherche désespérément à respirer, gesticule dans un mouvement de panique. À moi de jouer.

Je sais que je ne peux pas tenter la manœuvre de Heimlich, parce qu'il est trop gros pour que je puisse l'entourer de mes bras. Je ne peux que lui donner une tape dans le dos pour déloger ce qui l'étrangle. Mais il n'y a rien à faire, je peux taper autant que je veux, il s'étouffe toujours.

Il commence alors à se pencher vers le sol pour y capter un peu d'air, je suis aussi effrayé que lui. Il faut que je le sauve. J'ai peut-être assez de temps pour une dernière tentative ; je me lance avec toute la force que je possède pour lui assener un coup dans le dos. Je n'aurais pas pu frapper Huntley plus fort. En un instant, et heureusement pour moi, pour l'hôtel, mais surtout pour lui-même, il crache enfin.

À notre arrivée au tribunal, tout le monde a eu vent de l'histoire, et l'affaire Huntley n'est plus le premier sujet de conversation. C'est quand même incroyable ce qu'il aura fallu pour qu'on arrive à se détendre !

Aujourd'hui Me Coward, l'avocat de Huntley, doit interroger Maxine Carr. Les parties de la défense se tirent dans les pattes, et il commence par la décontenancer pour lui faire avouer qu'elle a menti :

– *Vous êtes-vous rendue compte que vous n'avez pas donné la même version des faits au jury et à la police ?*

Il dissèque chacun de ses commentaires : la couette, les draps, le tapis de bain vert qu'elle a trouvé dans sa machine à laver en rentrant. Pourquoi ne pas en avoir parlé à la police ?

C'est une question piège, certes, mais sa réponse a dépassé toute nos espérances :

– *Je ne vais tout de même pas être condamnée pour ce que cette chose m'a fait ou pour ce qu'elle a fait à des enfants !*

Il y a alors une lueur de panique terrible qui passe dans le regard de Huntley. Je suis incapable de la décrire vraiment. Il faut le voir. Grand silence dans la salle. Un homme âgé tombe sans connaissance et il faut l'évacuer.

Me Coward peut être fier de lui ! Il continue, soulignant les détails que Maxine Carr avait passés sous silence quand elle soutenait encore Ian Huntley.

– *Vous saviez,* dit-il, *que les filles étaient venues chez vous, qu'il y avait du sang par terre, que l'une d'elles avait été assise sur le lit, que votre ami était la dernière personne à les avoir vues. Et puis le nouveau tapis de voiture, la voiture propre... Et Huntley qui voulait que vous rentriez de Grimsby. Et la literie dans la machine à laver, la maison nettoyée, l'odeur de citron, le tapis de bain qui manque. Et surtout votre ami effrayé, qui vous demande de mentir !*

Je crois, moi aussi, qu'elle a menti : quand elle disait que Huntley n'avait pas tué les filles, cela n'avait rien à voir avec de la naïveté ou de l'ignorance, elle savait que c'était faux. Son changement de ligne de défense est vraiment saisissant. D'abord elle l'a couvert, ensuite ignoré, et maintenant elle l'accuse. Et devant les jurés, encore.

Elle fait un étrange tableau de leur relation, le présente comme quelqu'un d'injurieux et d'incontrôlable. Elle dit par exemple :

– *Vous ne savez pas quel genre de personne Ian Huntley était avec moi.*

Mais, malgré tout ça, elle ne fait jamais expressément mention de violences physiques. Je crois qu'elle a toujours peur de lui.

Pour nous, néophytes, il paraît étrange que l'avocat de Maxine Carr accepte si facilement de reconnaître la culpabilité de sa cliente. Mais il faut être lucide, cette histoire de mensonge, c'est un moindre souci, et Mᵉ Hubbard espère sans doute que, pour les accusations plus graves, le jury acquittera Carr au bénéfice du doute. Autre calcul : que les jurés se concentrent sur le cas Huntley. Justice et tactique.

Maxine Carr a passé l'après-midi à pleurer toutes les larmes de son corps. Je suis devenu expert en larmes depuis quelque temps, et je sais bien qu'on ne peut pas se ressaisir aussi vite qu'elle le fait quand on pleure vraiment. Tout ce qu'elle veut, c'est attendrir le jury, et j'ai bien peur qu'elle y parvienne.

Je me sens impuissant : ce n'est pas une jeune fille éplorée que nous avons en face de nous, mais une actrice en pleine performance, et pas moyen de la dénoncer.

Vendredi 5 décembre

Nous restons à la maison. Aujourd'hui, ce sont les questions de droit qui vont être débattues au tribunal. Trudie y est, elle pourra nous faire un rapport.

Me Coward propose au juge plusieurs chefs d'accusation pour établir la culpabilité de Huntley. Pour Jessica : le meurtre, l'homicide par imprudence ou l'accident. Pour Holly : le meurtre, l'homicide par négligence ou l'accident.

Pas besoin d'être grand clerc pour deviner qu'il plaidera l'homicide par imprudence ou l'accident...

Quant à Me Hubbard, il a demandé au jury de prêter attention à l'état d'esprit dans lequel se trouvait Carr au moment des faits, et de ne pas oublier qu'on n'est toujours pas certain de ce qu'elle savait exactement quand elle défendait encore Huntley.

Nous ne sommes pas rassurés. Comme d'habitude, pour oublier, il faut agir, et nous ne perdons pas notre journée à la maison. Nous allons voir le prototype de la pierre tombale. Le résultat final n'est pas mal ; c'est un bel hommage. La pierre est polie, couleur bleu Bahamas, avec une inscription en lettres roses. Selon le marbrier, le monument sera en place pour Noël.

Nous allons aussi au cimetière sur la tombe de notre fille. Quelqu'un y a déposé un bouquet absolument splendide. C'est bon de se sentir soutenus, même par des gens que nous ne connaissons pas.

Lundi 8 décembre

Un membre du jury est malade aujourd'hui, ça retarde le procès. Pareil le lendemain. Comme s'il n'y avait pas assez de suspense.

Mercredi 10 décembre

La séance reprend enfin. C'est à notre avocat, Me Latham, de parler.

Il est évident pour nous qu'il sera bref. À quoi sert de reprendre chaque point ? Si les jurés n'ont pas encore mesuré l'enjeu, ils ne le feront jamais. Il se contente d'un résumé clair et parfaitement factuel, et termine en disant que les jurés doivent absolument déclarer le suspect coupable de chacun des chefs d'accusation.

Devant moi, sur le banc des accusés, Huntley incline légèrement la tête. Pas d'autre choix pour lui que d'écouter en silence, pendant que Latham fait part de ses accablantes conclusions. J'ai l'impression d'entendre sonner dans ma tête le compte à rebours qui le sépare de sa réclusion à perpétuité. La fin est proche.

Il faut à tout prix que tout cela se conclue par deux condamnations pour meurtre. Je ne pourrai rien accepter d'autre.

Me Coward prend ensuite la parole. Certes, dit-il, acquitter Huntley n'est pas une option envisageable. Reste le meurtre, le meurtre sans intention de donner la mort ou l'homicide par négligence ou imprudence. Mais pour lui il est évident que tout ce qui peut être retenu, c'est la troisième solution.

Nous savions bien ce qu'il allait dire, mais ce n'est quand même pas facile de garder son calme.

Jeudi 11 décembre

Me Hubbard, aux envolées duquel nous sommes pourtant habitués, nous surprend tous aujourd'hui. Il est allé très loin pour chercher à provoquer la sympathie du jury envers Maxine Carr. Pour parvenir à ses fins, il ne recule devant rien et présente la carte que Holly avait écrite à sa cliente. Il l'agite pour attendrir la salle. Mon Dieu, faites que Holly ne voie pas cela.

Ce trop-plein de pathos devient presque gênant ; au point que le juge en arrive à préciser, à l'intention du jury, que la défense n'est pas en train de dire que Maxine Carr a suffisamment souffert comme ça.

J'angoisse. Le verdict approche. Ce serait intolérable de trébucher en fin de parcours.

Vendredi 12 décembre

À la maison, la tension est palpable depuis hier soir. L'approche du dénouement nous a tenus les yeux ouverts.

Le compte rendu final du juge Moses doit avoir lieu ce matin. Ensuite, le jury se retirera pour délibérer. Cela peut prendre le temps qu'ils veulent, mais, selon les agents de liaison, le verdict devrait être rendu assez rapidement.

Nous sommes exceptionnellement accompagnés par Oliver et par notre neveu, Thomas. Notre fils doit pouvoir assister à l'énoncé du verdict.

Tous les matins nous arrivons discrètement au tribunal, via le parking souterrain. Jusqu'ici, cela s'est toujours passé sans encombre. Mais ce matin, pour la première fois, le portail d'accès est resté bloqué, et, alors que nous attendions, les photographes ont encerclé la voiture. Curieuse première expérience de la cour pour Oliver.

Il est à peine 11 heures quand le jury se retire. Le juge prévient qu'il exigera le plus grand silence lors de l'énoncé du verdict, et que dans le cas contraire, il poursuivrait à huis clos. Une nouvelle attente commence.

L'administration londonienne, qui a les places au premier rang dans la salle d'audience, a refusé de nous les céder, même pour ce moment fatidique. Merci pour le soutien aux victimes.

12 h 45. Toutes les parties concernées par le cas Huntley et Carr sont appelées.

Ça y est ? Après seulement une heure et demie de délibération ? Mon cœur bat plus vite. Pour rien, les jurés veulent seulement réunir les avocats de chaque partie : retour vers la salle d'attente. J'ai vraiment cru que c'était enfin le moment. La demande du jury me laisse perplexe. Pourquoi rappeler les avocats ? J'espère qu'ils ne croient pas à la théorie de la noyade. J'espère qu'ils ont bien suivi chaque partie des débats, qu'ils n'ont oublié aucun élément...

Dimanche 14 décembre

Appel imprévu de Dennis Mackenzie, le médium. Selon lui, Huntley sera jugé coupable de meurtre au deuxième degré. Concernant Carr, en revanche, il est nettement moins rassurant.

– *Kevin,* me dit-il, *ne vous attendez pas à ce qu'elle passe beaucoup de temps en prison. Elle ne sera pas condamnée à perpétuité.*

Je fais confiance à Dennis, maintenant, et je suis sûr qu'il a raison. Il a donné suffisamment de preuves de ses dons. J'ai déjà fait le point sur le sujet, mais le temps a passé, et il y a de nouveaux éléments qui lui donnent raison.

Il certifiait qu'en regardant à l'extérieur depuis College Close, on pouvait voir le numéro 18, et que la lettre J était présente. Ça me gênait, parce que je n'avais pas pu retrouver ce numéro. Mais je me souviens, à présent, que, lors de nos recherches, la voiture de Scott qui m'accompagnait était immatriculée J181.

Au printemps 2003, il nous avait fait part de deux dates qui lui paraissaient importantes. La seconde tombait pendant le procès. Le jour même, il ne s'était rien passé d'extraordinaire, mais nous avons appris plus tard que c'était ce jour-là que ses avocats avaient appris qu'il allait passer aux aveux.

Le meilleur pour la fin : en 2002, quand il a trouvé l'endroit où Nicola et moi nous sommes rencontrés, il ressentait quelque chose au sujet d'un téléphone portable. Sur le coup, j'ai cru qu'il s'agissait de celui de Jessica ; je me trompais.

En fait, le 4 août 2002, Huntley a appelé une femme de la région pour lui fixer un rendez-vous en l'absence de Maxine Carr.

Mardi 16 décembre

Jusqu'à aujourd'hui, aucun signe que les jurés se soient enfin mis d'accord. Ils ont délibéré trois jours. Tout le monde est convaincu que le problème concerne le sort réservé à Carr.

Pour les agents de liaison, il est bon qu'ils prennent leur temps, cela peut éviter le recours en cour d'appel. Quoi qu'il arrive, s'ils ne parviennent pas à une décision unanime, le juge acceptera sans doute une décision à la majorité.

Notre équilibre est fragile. Si Coward a insufflé le doute dans l'esprit des jurés, tout peut basculer.

Mercredi 17 décembre

Le juge ne décide d'accepter une décision à la majorité que vers 11 heures. Nous traînons à la cantine, attendant toujours.

Dix minutes, quinze minutes, vingt, les aiguilles tournent. Vingt-cinq minutes, une demi-heure, quarante minutes à faire les cent pas. Pas un sourire, pas un mot. Rob et Trudy, les parents de Nicola, mon oncle Peter, Oliver et moi, nous sommes perdus dans nos pensées. Pourquoi est-ce si long ? Où est le problème ?

11 h 45. Nous sommes rappelés en salle d'audience. L'atmosphère est oppressante. Tous les yeux sont fixés sur le juge. Silence dense, pesant.

Première charge contre Huntley énoncée par le jury : accusation du meurtre de Jessica Chapman. Un seul mot, qui tranche le silence :

– *Coupable !*

Nous nous regardons les uns les autres toujours silencieux, pour respecter la consigne du juge. Petit moment de pause, avant l'énonciation de la deuxième charge, l'accusation du meurtre de Holly. Je fixe désespérément mes chaussures.

– *Coupable !*

Chris, à ma droite, Nicola à ma gauche, ses parents derrière nous, tout le monde est en larmes. Je me contrôle, pour Oliver. Je lui lance un timide sourire, un « tout va bien » codé, et il me répond par un signe de tête.

Nous y sommes. Il est devant nous, justice a été rendue. Nous avons déjoué les tours de ses avocats. Plus rien n'a d'importance maintenant. Je ne peux pas décrire notre soulagement. Nous avons un verdict, enfin.

Le jury passe immédiatement aux charges retenues contre Maxine Carr. Dennis avait raison : elle est disculpée des accusations les plus sérieuses, et n'est jugée coupable que de conspiration. De toute façon, comparé à Huntley, les charges qui pesaient contre elle étaient insignifiantes.

Avant que nous ayons le temps de penser quoi que soit, ils sont placés en détention et la salle d'audience se vide.

Les Chapman s'embrassent. Je serre mon fils dans mes bras. Il n'y a pas de joie dans cette pièce, juste une forme d'apaisement.

Je voudrais dire que, même si nous avons eu quelques frictions avec les responsables hiérarchiques des forces de l'ordre pendant l'enquête, jamais, au grand jamais, nous n'avons remis en cause leur investissement et leur volonté de retrouver notre fille. Nous ne l'oublierons jamais.

Nous sommes particulièrement reconnaissants envers nos agents de liaison. C'est ce que nous chuchotons, des remerciements, des excuses. Quel meilleur moment pour le dire ?

Rob et Trudy sont toujours à côté de nous. Ils étaient nos invités le jour de la disparition, et ils n'ont jamais ménagé leurs efforts pour nous soutenir. Nous aurons encore besoin d'eux dans les mois à venir et s'ils ont besoin de nous, nous serons là. Ils n'ont pas été les seuls d'ailleurs. Nous connaissons maintenant la valeur de l'amitié.

Dernier retour au tribunal, pour entendre la condamnation. Nous sommes enfin autorisés à nous asseoir au premier rang, devant le coupable.

Il est assis sur le banc des accusés, il nous fuit du regard. Il ne dégage pas le moindre semblant d'émotion. Le juge lui demande de se lever, et il s'exécute, impassible.

– *Ian Kevin Huntley,* commence le juge, *le 4 août 2002, vous avez attiré deux fillettes de dix ans, Holly Wells et Jessica Chapman, dans votre maison. Elles étaient deux enfants heureuses, intelligentes et loyales. Elles étaient aimées par leur famille et tous ceux qui les ont connues. Vous les avez assassinées toutes les deux ; vous êtes la seule personne à savoir comment, vous êtes la seule personne à savoir pourquoi. Vous avez détruit les preuves. Vous n'avez montré aucune pitié, aucun regret. Après avoir assassiné la première, vous deviez tuer l'autre pour ne pas être dénoncé.*

Le 10 août, six jours plus tard, vous avez dit devant les caméras de la BBC que vous pensiez être le dernier visage amical à avoir croisé leur chemin. Le dernier, peut-être ; mais le qualifier d'amical, c'est encore une démonstration de votre cruauté persistante : l'une de ces deux fillettes est morte avec pour dernier souvenir l'assassinat de sa meilleure amie.

Après votre crime, vous avez poussé leurs corps dans un fossé, les avez dépouillés et les avez brûlés, pendant que leurs familles les cherchaient désespérément. Alors que Kevin Wells les appelait, au cours de ses recherches, vous avez fait semblant de vous joindre à lui. Trois jours plus tard vous avez démontré l'étendue de votre cynisme en lui offrant quelques mots de regret. Vos états d'âme, en réalité, ne les ont jamais concernés. En essayant d'échapper à vos responsabilités, vous n'avez fait qu'augmenter encore les souffrances de ces deux familles.

Et il n'y a pas qu'elles, vos crimes ont fait souffrir toute une communauté : les enfants que vous avez assassinées amenaient la joie à la communauté tout entière. Leurs morts n'ont engendré que du chagrin.

Il n'y a pas de plus grande tâche pour le système de justice pénale que de protéger les plus vulnérables. Holly et Jessica en font partie. Peu de crimes sont plus condamnables que le vôtre.

Je trouve ce discours parfait, juste et sobre. Le juge a tout à fait résumé le procès. J'espère que chaque mot, chaque phrase, hantera Huntley jusqu'à son dernier souffle.

Avec les deux condamnations à vie prononcées aujourd'hui, puissent vos nuits être longues, Ian Huntley. Vous ne méritez plus rien.

Le juge est beaucoup plus court avec Carr. Il évoque sa capacité à mentir avec désinvolture et la condamne à trois ans d'emprisonnement. Nos avocats avaient tablé sur six ans, et les siens sur huit. Ça s'appelle avoir de la chance.

Je ne peux pas m'empêcher de me demander si les membres du jury auront toujours la même opinion lorsque son passé sera dévoilé dans la presse. Je ne comprends pas non plus celui qui, de façon totalement incompréhensible, a accordé le bénéfice du doute à Huntley.

Avant de partir, le juge nous adresse quelques mots de soutien. Les responsables de la police annoncent le verdict à la presse. Chris lit la déclaration hors du tribunal. Autour de lui, caméras, micros, calepins et stylos. À basse altitude, un hélicoptère prend des vues aériennes.

Dernière conférence de presse. Nous sommes toujours très nerveux, mais nous faisons de notre mieux pour répondre le plus honnêtement possible. Quand nous partons, nous sommes salués par les applaudissements des journalistes. Manifestement, nous ne sommes pas les seuls à être heureux de l'issue du procès, c'est le genre d'événements qui fédère. Nous sommes tous très émus.

Retour à la maison. Nous appelons la famille et les amis pour leur dire que tout va bien. Évidemment, tout le monde connaît déjà le verdict, mais c'est important de pouvoir en parler entre nous.

Tout ce que nous voulons maintenant, c'est ne jamais nous retrouver face à la justice pénale. Un procès, c'est gagner ou perdre, et non pas la recherche de la vérité. L'accusé n'a rien à prouver, et nous, nous restons avec beaucoup de questions sans réponses.

Quelle justice pour les victimes ?

Épilogue

Je connais Margaret Bryden depuis des années, depuis mon entrée à l'école de Soham, quand j'étais enfant. Elle a d'abord été mon enseignante pendant deux ans, puis l'année suivante, responsable des professeurs. C'est elle qui m'avait poussé à me présenter comme délégué de classe. Malgré les taquineries incessantes de mes camarades, j'avais accepté ce rôle. Le lien fort qui nous unit date de cette époque, il y a près de trente ans.

À chaque fois que nous nous croisons dans Soham, nous nous arrêtons pour discuter.

Il y avait des problèmes constants de gardiennage à l'école. En 2001, elle m'a annoncé qu'elle faisait passer des entretiens pour un poste de gardien. Parmi toutes les candidatures, pas une qui lui convienne, ils étaient tous trop vieux, ou pas assez expérimentés. Bien que cela n'ait pas été son premier choix, il se trouve que c'est finalement celle d'un certain Ian Kevin Huntley qui a retenu son attention.

Elle m'avait dit dès les premières semaines qu'elle n'était pas satisfaite de son nouveau gardien. Huntley mettait trop de temps à s'acquitter de ses tâches, et il avait du mal à superviser son équipe de travail. Margaret est assez directive, et il ne le supportait pas. Il était souvent critiqué quand il n'exécutait pas son travail correctement, et finissait en larmes après chaque réunion avec ses supérieurs. Quel homme immature, pensais-je à l'époque. Il est tout simplement trop jeune pour tenir un tel poste. Mais dans un ensemble de candidatures médiocres, la sienne était la moins mauvaise.

Margaret voulait lui laisser le temps de s'acclimater aux exigences de son poste, en conséquence de quoi elle m'avait demandé de faire les gardes de nuit, le temps qu'il se reprenne.

J'ai accepté. Je voulais surtout venir en aide à mon amie. Si je ne l'avais pas fait, je sais qu'elle aurait fermé la grille de l'école toute seule, tous les soirs. Si elle voulait le garder à son poste de gardien, j'étais disposé à faire tout mon possible pour l'aider.

Kevin WELLS

Sommaire

Composé par P.C.A.
44400 – Rezé

Impression réalisée sur CAMERON par

BRODARD & TAUPIN
GROUPE CPI

La Flèche

pour le compte des Éditions Privé
en mars 2005
Couverture : Pierre Gay, 2005

Imprimé en France
Dépôt légal : mars 2005
N° d'impression : 28796
ISBN : 2-35076-030-8